Art
of
Webcast

网络直播艺术

曾庆江 著

清华大学出版社
北京

内 容 简 介

网络直播作为一种新兴的社交方式和产业趋势，在媒体界产生了广泛的影响，对整个社会更是影响深远。作为一种社交方式，它极大地改变了当下人们的生活方式；作为一种产业趋势，它代表着互联网经济的最新发展。放眼望去，"直播+"无处不在。但在短短几年内，网络直播经过"野蛮生长"之后就陷入白热化竞争期，凸显的不少问题值得关注。如何推动网络直播健康良性发展是摆在大众面前的重要话题。本书认为，在未来，网络直播将围绕理性、质量、品牌、跨界等几个关键词深层次发展。但是，无论网络直播如何发展，艺术性内涵都是保证其传播效果，并获得长久生命力的前提。只有深入把握其艺术性，夯实艺术基因，网络直播行业才能健康理性地发展。

本书从学术的眼光、艺术的角度来透析网络直播的各方面内容，既涉及网络直播的基本特点、运营模式，又关注其盈利模式以及基本技巧，还分析了相应的行业管理和法律管理，对引导网络直播健康良性发展具有较大的参考价值。

本书将现状分析、理论总结和案例分析相结合，既适合高校相关专业教学使用，也适合业界乃至社会人士阅读。

本书提供课件，请读者扫描封底二维码获取。

本书封面贴有清华大学出版社防伪标签，无标签者不得销售。

版权所有，侵权必究。举报：010-62782989，beiqinquan@tup.tsinghua.edu.cn。

图书在版编目(CIP)数据

网络直播艺术 / 曾庆江著 . —北京：清华大学出版社，2024.4
普通高等院校网络与新媒体专业系列教材
ISBN 978-7-302-65699-9

Ⅰ. ①网… Ⅱ. ①曾… Ⅲ. ①网络营销－高等学校－教材 Ⅳ. ① F713.365.2

中国国家版本馆 CIP 数据核字 (2024) 第 051124 号

责任编辑：施　猛　王　欢
封面设计：常雪影
版式设计：方加青
责任校对：马遥遥
责任印制：杨　艳

出版发行：清华大学出版社
　　　　　网　　址：https://www.tup.com.cn，https://www.wqxuetang.com
　　　　　地　　址：北京清华大学学研大厦 A 座　　邮　编：100084
　　　　　社 总 机：010-83470000　　　　　　　　 邮　购：010-62786544
　　　　　投稿与读者服务：010-62776969，c-service@tup.tsinghua.edu.cn
　　　　　质 量 反 馈：010-62772015，zhiliang@tup.tsinghua.edu.cn
印 装 者：三河市天利华印刷装订有限公司
经　　销：全国新华书店
开　　本：185mm×260mm　　　印　张：11.25　　　字　数：241 千字
版　　次：2024 年 5 月第 1 版　　 印　次：2024 年 5 月第 1 次印刷
定　　价：49.00 元

产品编号：099897-01

普通高等院校网络与新媒体专业系列教材编委会

主　编　｜　王国燕

编　委　｜
(按照姓氏拼音排序)

曹云龙	江苏师范大学
陈　强	西安交通大学
崔小春	苏州大学
丁文祎	苏州大学
杜志红	苏州大学
方付建	中南民族大学
龚明辉	苏州大学
金心怡	苏州大学
匡文波	中国人民大学
刘英杰	苏州大学
罗　茜	苏州大学
曲　慧	北京师范大学
王　静	苏州大学
许静波	苏州大学
许书源	苏州大学
于莉莉	苏州大学
喻国明	北京师范大学
曾庆江	苏州大学
张　健	苏州大学
张　可	苏州大学
张燕翔	中国科学技术大学
周荣庭	中国科学技术大学
周　慎	中国科学技术大学

序　　言

当今世界，媒介融合趋势日益凸显，移动互联网的快速普及和智能媒体技术的高速迭代，特别是生成式人工智能(artificial intelligence generated content，AIGC)推动着传媒行业快速发展，传媒格局正在发生深刻的变革，催生了新的媒体产业形态和职业需求。面对这一高速腾飞的时代，传统的人文学科与新兴的技术领域在"新文科"的框架下实现了跨界融合，使得面向智能传播时代的网络与新媒体专业人才尤为稀缺，特别是在"新文科"建设和"人工智能+传媒"的教育背景下，数字智能技术的飞速发展使得社会对网络与新媒体专业人才的需求呈现几何级增长。

教育部于2012年在本科专业目录中增设了网络与新媒体专业，并从2013年开始每年批准30余所高校设立网络与新媒体专业，招生人数和市场需求在急速增长，但网络与新媒体专业的教材建设却相对滞后，教材市场面临巨大的市场需求和严重的供应短缺，亟需体系完备的网络与新媒体专业教材。2022年春天，受清华大学出版社的热情邀约，苏州大学传媒学院联合中国科学技术大学、西安交通大学、中国人民大学、北京师范大学等多所网络与新媒体专业实力雄厚的兄弟院校，由这些学校中教学经验丰富的一线学者共同组成系列教材编写团队，旨在开发一套系统、全面、实用的教材，为全国高等院校网络与新媒体专业人才培养提供系统化的教学范本和完善的知识体系。

苏州大学于2014年经教育部批准设立网络与新媒体专业，是设置网络与新媒体专业较早的高校。自网络与新媒体专业设立至今，苏州大学持续优化本科生培养方案和课程体系，已经培养了多届优秀的网络与新媒体专业毕业生。

截至2024年初，"普通高等院校网络与新媒体专业系列教材"已签约确认列选22本教材。本系列教材主要分为三个模块，包括教育部网络与新媒体专业建设指南中的绝大多数课程，全面介绍了网络与新媒体领域的核心理论、数字技术和媒体技能。模块一是专业理论课程群，包括新媒体导论、融合新闻学、网络传播学概论、网络舆情概论、传播心理学等课程，这一模块将帮助学生建立起对网络与新媒体专业的基本认知，了解新媒体与传播、社会、心理等领域的关系。模块二是数字技术课程群，包括数据可视化、大数据分析基础、虚拟现实技术及应用、数字影像非线性编辑等课程，这一模块将帮助学生掌握必备的数据挖掘、数据处理分析以及可视化实现与制作的技术。模块三是媒体技能课程群，包括网络直播艺术、新媒体广告、新媒体产品设计、微电影剧本创作、短视频策划实务等课程，这一模块着重培养学生在新媒体环境下的媒介内容创作能力。

本系列教材凝聚了众多网络与新媒体领域专家学者的智慧与心血，注重理论与实践相结合、教育与应用并重、系统知识与课后习题相呼应，是兼具前瞻性、系统性、知识性和实操性的教学范本。同时，我们充分借鉴了国内外网络与新媒体专业教学实践的先进经验，确保内容的时效性。作为一套面向未来的系列教材，本系列教材不仅注重向学生传授专业知识，更注重培养学生的创新思维和专业实践能力。我们深切希望，通过对本系列教材的学习，学生能够深入理解网络与新媒体的本质与发展规律，熟练掌握相关技术与工具，具备扎实的专业素养和专业技能，在未来的媒体岗位工作中能熟练运用专业技能，提升创新能力，为社会做出贡献。

最后，感谢所有为本系列教材付出辛勤劳动和智慧的专家学者，感谢清华大学出版社的大力支持。希望本系列教材能够为广大传媒学子的学习与成长提供有力的支持，日后能成为普通高等院校网络与新媒体专业的重要教学参考资料，为培养中国高素质网络与新媒体专业人才贡献一份绵薄之力！

2024年5月10日于苏州

前　　言

中国互联网络信息中心(CNNIC)于2024年3月发布的第53次《中国互联网络发展状况统计报告》显示，截至2023年12月，我国网络直播用户规模达8.16亿人，较2022年12月增长6501万人，占网民整体的74.7%。自2016年以来，网络直播一路高歌猛进，用户数量急剧增长。基于我国人口数量以及大众网络素养的提升，在未来网络直播用户还将继续增长，网络直播是"深度媒介化"的重要体现。

在网络直播发展过程中，相关职能部门坚持监管规范和促进发展两手并重，推动网络直播平台用户体验持续提升，特色直播丰富多彩，基于互联网平台的新经济模式逐步构建起来。在未来，网络直播在夯实艺术基因的基础上，将持续加强价值引领，体现经济效益和社会效益的平衡，从而实现高质量发展。

在党的十九大报告中，先后四次提及"互联网"，九次提及"网络"，两次提及"数字"，可见中央对网络发展和数字经济的高度重视。党的二十大报告明确强调："建设具有强大凝聚力和引领力的社会主义意识形态。意识形态工作是为国家立心、为民族立魂的工作。牢牢掌握党对意识形态工作领导权，全面落实意识形态工作责任制，巩固壮大奋进新时代的主流思想舆论。健全用党的创新理论武装全党、教育人民、指导实践工作体系。深入实施马克思主义理论研究和建设工程，加快构建中国特色哲学社会科学学科体系、学术体系、话语体系，培育壮大哲学社会科学人才队伍。加强全媒体传播体系建设，塑造主流舆论新格局。健全网络综合治理体系，推动形成良好网络生态。""建设现代化产业体系。坚持把发展经济的着力点放在实体经济上，推进新型工业化，加快建设制造强国、质量强国、航天强国、交通强国、网络强国、数字中国。"这给网络直播的发展指明了方向。一方面，网络直播作为一种艺术形态，要发挥重要的价值引领作用，成为主流思想的重要舆论阵地；另一方面，网络直播作为数字经济的重要组成部分，必然要走上高质量发展的道路。

当然，作为一种新的艺术样式和新的经济形态，网络直播在发展过程中存在不可忽视的问题，值得我们进一步关注和思考，以助其走上良性发展的大道，这也是笔者撰写本书的初衷。网络直播作为产业形态是网络经济的重要体现，但是从艺术呈现的角度来看，它更应当成为网络文艺、视听艺术的新形态，因此，"网络直播艺术"必然成为人们关注的重点。

本书一方面对既有网络直播表现形态、艺术内涵、商业操作等进行总结和盘点，以强化理论色彩，同时为网络直播的高质量发展提供相应的内涵性指导；另一方面紧跟网络直播行业发展现状，结合一些新案例进行深入分析，理论联系实践。本书并不着眼于网络直播的技术性指导或者操作指导，而重点关注对网络直播艺术内涵的发掘和对网络直播高质量发展的引导。随着时代的发展，网络直播技术将会不断更新、发展，但是其艺术内涵和高质量发展的根本宗旨不会改变。让网络直播更具艺术性，这是网络直播高质量发展的必然要求。

随着时代的发展，网络直播的应用范围将不断拓展、形式将不断丰富，限于编者水平，书中不足之处在所难免，敬请读者批评指正。反馈邮箱：shim@tup.tsinghua.edu.cn。

作者
2024年4月

目 录

开　篇　夯实网络直播的艺术基因……………………………………………001

第一章　网络直播的基本发展…………………………………………………005

　第一节　直播发展述略………………………………………………………005
　　一、传统媒体时代的直播…………………………………………………005
　　二、网络时代的直播………………………………………………………006
　　三、移动互联网时代的直播………………………………………………007

　第二节　当直播遇见网络……………………………………………………008
　　一、网络扩大直播的对象范围……………………………………………008
　　二、网络开拓直播的经济属性……………………………………………009
　　三、网络提升直播的质量水准……………………………………………009

　第三节　网络直播的价值……………………………………………………010
　　一、网络直播的个体价值…………………………………………………010
　　二、网络直播的社会价值…………………………………………………011
　　三、网络直播的经济价值…………………………………………………012

　第四节　网络直播的基本特点………………………………………………013
　　一、内容的丰富性…………………………………………………………013
　　二、形式的多样化…………………………………………………………013
　　三、功能的多样化…………………………………………………………014
　　四、体验的真切性…………………………………………………………015

第二章　网络直播的基本类型…………………………………………………017

　第一节　传统直播……………………………………………………………017
　　一、传统直播启发网络直播………………………………………………017

		二、网络推动传统直播发展	019
		三、网络时代的传统直播生态	020
	第二节	泛娱乐直播	021
		一、泛娱乐的基本内涵	021
		二、泛娱乐直播的优势	023
		三、泛娱乐直播的发展	024
	第三节	专业直播	026
		一、专业直播的基本定位	026
		二、专业直播的理论依据	028
		三、专业直播的未来发展	029
	第四节	带货直播	029
		一、异军突起的带货直播	030
		二、带货直播的传播优势	032
		三、带货直播的未来发展	035

第三章 网络直播的艺术属性 039

	第一节	当艺术遇见网络直播	039
		一、艺术的网络呈现	039
		二、艺术与直播时代	040
		三、艺术面临的挑战	043
	第二节	网络直播的内容艺术	043
		一、网络直播的内容偏好	044
		二、网络直播的内容定位	045
		三、网络直播的内容管理	046
	第三节	网络直播的形式艺术	048
		一、直播形式的新趋势	048
		二、让直播形式更理性	049
		三、让直播形式更艺术	050
	第四节	网络直播的效果艺术	051
		一、直播效果的基本原则	051
		二、直播效果的制约因素	052
		三、直播效果的艺术规律	053

第四章 网络直播的商业操作 055

| | 第一节 | 网络直播的吸粉模式 | 055 |
| | | 一、粉丝为直播保驾护航 | 055 |

　　　　　二、有效提升直播影响力 ··· 056
　　　　　三、有效提升粉丝日活量 ··· 058
　　第二节　网络直播的广告植入 ··· 059
　　　　　一、直播节目的广告冠名 ··· 060
　　　　　二、场景化下的广告植入 ··· 060
　　　　　三、主播直接为品牌代言 ··· 061
　　第三节　网络直播的游戏体验 ··· 063
　　　　　一、游戏是互动的重要表现 ··· 063
　　　　　二、游戏应内化为内容构成 ··· 064
　　　　　三、游戏互动不能喧宾夺主 ··· 065
　　第四节　网络直播的带货销售 ··· 065
　　　　　一、直播带货效果显著 ··· 065
　　　　　二、直播带货需要节奏 ··· 067
　　　　　三、直播带货需要促销 ··· 068

第五章　网络直播的艺术技巧 ··· 071

　　第一节　打造人气网络主播 ··· 071
　　　　　一、人气主播的基本内涵 ··· 071
　　　　　二、主播的跨界转型发展 ··· 072
　　　　　三、打造全新的网红主播 ··· 073
　　第二节　直播间的设置艺术 ··· 074
　　　　　一、直播间的主体风格 ··· 074
　　　　　二、直播间的背景设计 ··· 075
　　　　　三、直播间的视听效果 ··· 077
　　第三节　直播中的造势艺术 ··· 077
　　　　　一、打造现场感 ··· 078
　　　　　二、把握节奏感 ··· 079
　　　　　三、强化既视感 ··· 080
　　第四节　直播中的引流艺术 ··· 081
　　　　　一、合理把握直播时间 ··· 081
　　　　　二、挖掘网友需求痛点 ··· 082
　　　　　三、提升语言表达技巧 ··· 083

第六章　网络直播的规范管理 ··· 085

　　第一节　直播平台的自我管理 ··· 085
　　　　　一、走向理性发展的直播 ··· 085

　　　　二、对主播和内容的规范……………………………………………086
　　　　三、对用户的规范化管理……………………………………………088
　　第二节　直播行业的行业规范…………………………………………089
　　　　一、行业组织介入规范………………………………………………089
　　　　二、直播走向联合自律………………………………………………090
　　　　三、竞争中的行业监督………………………………………………091
　　第三节　直播行业的法律管理…………………………………………092
　　　　一、法律法规的基本构成……………………………………………092
　　　　二、网络直播的分类管理……………………………………………094
　　　　三、违法违规行为的惩处……………………………………………096
　　第四节　直播行业的伦理审视…………………………………………097
　　　　一、直播行业的伦理内涵……………………………………………098
　　　　二、直播行业的伦理失范……………………………………………099
　　　　三、坚守直播的伦理底线……………………………………………100

第七章　网络直播案例解析……………………………………………………103
　　第一节　微信视频号直播………………………………………………103
　　　　一、视频号直播平台介绍……………………………………………103
　　　　二、视频号直播运营策略……………………………………………104
　　　　三、视频号直播营销读解……………………………………………107
　　第二节　抖音直播………………………………………………………109
　　　　一、抖音直播平台介绍………………………………………………109
　　　　二、抖音直播生态分析………………………………………………110
　　　　三、抖音直播电商读解………………………………………………113
　　第三节　哔哩哔哩直播…………………………………………………116
　　　　一、哔哩哔哩直播板块介绍…………………………………………116
　　　　二、哔哩哔哩直播特色内容…………………………………………118
　　　　三、哔哩哔哩直播发展困境…………………………………………120
　　第四节　小红书电商直播………………………………………………122
　　　　一、小红书平台介绍…………………………………………………122
　　　　二、小红书"种草"模式……………………………………………125
　　　　三、小红书直播路径…………………………………………………127

结　语　网络直播的未来发展…………………………………………………131

参考文献……………………………………………………………………………133

附　录 …………………………………………………………………… 135

　　附录A　互联网信息服务管理办法(修订草案征求意见稿) …… 135
　　附录B　互联网直播服务管理规定 ……………………………… 144
　　附录C　关于加强网络直播规范管理工作的指导意见 ………… 147
　　附录D　网络直播营销管理办法(试行) ………………………… 150
　　附录E　网络直播营销行为规范 ………………………………… 154
　　附录F　网络主播行为规范 ……………………………………… 160

后　记 …………………………………………………………………… 165

开篇　夯实网络直播的艺术基因

2016年被人们称为"网络直播元年",这在某种程度上意味着我们已进入一个新的历史时代——网络直播时代。

经过2016年的急速扩张、2017年的调整重塑、2018年的融合发展之后,网络直播作为新媒体环境下的重要现象,已经全面介入乃至融入大众日常生活,2020年更有"全民网络直播元年"的说法。从此以后,网络直播对于大众来说,已经成为一种常态化的存在。

2023年8月,中国互联网络信息中心(China Internet Network Information Center,CNNIC)发布了第52次《中国互联网络发展状况统计报告》,用翔实的数据展示了我国互联网发展的基本状况。报告显示,截至2023年6月,我国网民规模达10.79亿人,较2022年12月增长1109万人,互联网普及率达76.4%(见图1)。网民使用手机上网的比例达99.8%(见图2)。同时,我国网络支付用户规模达9.43亿人,较2022年12月增长3176万人,占网民整体的87.5%。

图1　网民规模和互联网普及率[1]

图2　互联网络接入设备使用情况[2]

---

[1] 中国互联网络信息中心.第52次《中国互联网络发展状况统计报告》,2023-08.
[2] 中国互联网络信息中心.第52次《中国互联网络发展状况统计报告》,2023-08.

第52次《中国互联网络发展状况统计报告》显示，截至2023年6月，网络视频用户规模为10.44亿人，较2022年12月增长1380万人，占网民整体的96.8%。其中，短视频用户规模为10.26亿人，较2022年12月增长1454万人，占网民整体的95.2%。在所有的直播用户中，我国网络直播用户规模达7.65亿人，较2022年12月增长1474万人，占网民整体的71.0%(见图3)。其中，电商直播用户规模为5.26亿人，占网民整体的48.8%；游戏直播用户规模为2.98亿人，占网民整体的27.6%；真人秀直播用户规模为1.94亿人，较2022年12月增长657万人，占网民整体的18.0%；演唱会直播用户规模为1.87亿人，占网民整体的17.3%；体育直播用户规模为3.23亿人，占网民整体的29.9%。

图3　2021年6月—2023年6月网络直播用户规模及使用率[1]

网络直播已经全面介入人们的生活，可谓"直播改变生活，无直播，不生活"。传播学者伊尼斯在《传播的偏向》中说过："一种新媒介的出现，将导致一种新文明的产生。"那么，网络直播给人类带来了什么呢？

当下，网络直播已不仅是年轻人展现自身才华、实现个人价值的平台，它还通过整合各种资源、发挥传播优势，在文化、旅游、教育、扶贫、销售等各个领域发挥着积极作用。"直播+"是大势所趋，它体现在大众生活乃至社会经济的各个方面，可以说，直播已经成为人们日常化的行为。我们很难想象没有网络直播，人类社会将呈现怎样的场景，网络直播已经成为当今社会最为鲜活的新形态。

自2020年"全民直播元年"后，"直播带货"成为时代热词，各种网络红人纷纷涌现，并赚得盆满钵满。这也导致人们对网络直播的浅显认知，很多人认为网络直播门槛较低，似乎只要拥有一部智能手机或者一个网络终端，人人皆可为之，"变现"指日可待。这种对网络直播的浅显认知，使得它在短短几年内"野蛮生长"，之后不得不面临发展瓶颈。对于网络直播，只有夯实其艺术基因，以艺术的眼光来审视和要求它，才能保证它的持续性发展。

---

[1] 中国互联网络信息中心.第52次《中国互联网络发展状况统计报告》，2023-08.

我们认为，只有把握艺术性，才能更好地坚守网络直播阵地；只有把握艺术性，网络直播才能成为移动互联网时代新的创业风口；只有把握艺术性，网络直播才能在媒体深度融合时代立高行稳。艺术性成为审视网络直播的出发点，更是网络直播持久发展的根本保障。

究竟什么是网络直播的艺术性？它应当包括两个方面的内容：一方面，艺术应当成为网络直播的重要对象，缺少艺术内容的网络直播是不完整的；另一方面，网络直播作为一种传播行为和视听表现形态，要用艺术基因丰富其内涵，进而保证其传播效果，最终使其获得长久的生命力。艺术性应当成为网络直播的一种思维，一种理念，将艺术性深深地植入网络直播中，才能保证网络直播合法性存在和合理性发展。

将艺术作为网络直播的重要内容，可促使人类打破艺术的"即时即地性"特征，从而以一种更加便捷的方式参与网络直播。网络时代的来临为人们远距离交流和传播艺术提供了自由和便利。网络为各种艺术作品的全景展示提供了新的平台，真正意义上体现了"媒介即人的延伸"。网络催生了新的艺术样式，比如网络原生态艺术的出现进一步丰富了艺术大家庭。艺术直播在一定程度上取代了传统的艺术教育、艺术展览、艺术经营方式等，一方面维系着特殊时期艺术领域的正常运转，另一方面也实现了艺术形态的突围，即从线下向线上转移，从实体向虚拟转移，从面对面互动向在线交流转移。

如何用艺术性夯实网络直播的内涵，进而保证网络直播的良性发展，是摆在人们面前的重要问题。我们可以从内容艺术、形式艺术、效果艺术等多方面进行思考。

网络直播涉及的门类很多，各门类之间的竞争也非常激烈，想"一夜收割大量用户"越来越不现实，因此对直播内容的选取和定位要讲究艺术性。传播学者伊尼斯提出了"传播的偏向"的重要命题，它给我们带来的启示是，任何媒介在传播内容的选取上都有自身的特点和偏好，网络直播也是如此。比如当前比较流行的"吃播"，并不意味着只要主播会吃就能够成就一个好的直播间。那些为吃而吃的"大胃王"是审丑的体现，与艺术无关。我国饮食文化渊源深厚，而且有"食不厌精，脍不厌细"的传统，主播在内容偏好上应强化"精美+营养"，因为这样的内容能够满足很多人的心理诉求，这样的直播看上去才是一种真正意义上的艺术享受。

在网络直播的形式艺术上，更应当深入把握直播形式发展的最新趋势，比如从定点直播走向移动直播，从解说型直播走向互动型、体验型直播，从"网红"、明星直播走向"素人"直播，从二维呈现走向立体呈现等。这些新形式的出现不仅为直播效果增色不少，也进一步夯实了艺术基因。

形式是为内容服务的，因此，只有让形式更理性，才能从根本上强化直播的艺术性。那么如何做到让直播形式更理性呢？首先，由于用户越来越理性，只有坚持形式为内容服务的基本原则，才能保证直播效果的长久性。其次，应当坚持形式内外有别的基本原则。要结合直播内容、直播定位以及用户的基本情况对形式呈现进行精心选择和设计，才能真正将形式融入内容之中。最后，应当坚持在自我特色基础上的长线发展原则。要想在直播行业中立足，一定要强化和坚持自我特色，切不可一味跟随潮流或者追逐新技术和新形式，更不可直接复制别人的成功经验，选择最适合自己的形式并久久为功，最后才能成功。

要保证网络直播的艺术效果，最根本的还是聚焦网络直播间。比如人气主播的打造、直播间的设置、直播中的氛围营造、直播中的流量把控等都体现出相当的艺术性，不能因为"我的地盘我做主"而放弃对各种元素的艺术性努力。比如，主播的人气和资质在一定程度上决定了直播效果的本质性显现。在网络直播经历"野蛮生长"之后，人们对网络主播的定义不再仅仅是颜值担当，更应当是实力担当。从总体上讲，人气主播至少应当在个人综合素质、现场调控应变能力、自我品牌的塑造能力、传递正能量的能力等方面达到一定要求。人气主播在具备相应潜质的基础上，还需要把握一定的方法要领，体现出相当的艺术内涵。其一，主播要发掘自身的特长，完成自我定位，找到自己能够被网民认可的要素。其二，精心设置昵称和头像，这是主播的身份象征。其三，借重其他平台或者媒体对自己进行适度推广。当前社交平台很多，不同平台的粉丝群体有时可以相互转化，适当借重相关平台推广，可实现"借力打力"的效果。其四，了解粉丝的基本情况，并通过合理的方式加强与粉丝的互动。其五，善于借重当下的热点话题，推广自己的直播间，从而让更多的粉丝认可自己。

为了提升直播间的设置艺术，主播需要根据实际情况来确立直播间的主体风格，进行直播间的背景设计，打造直播间的视听效果。可以说，要真正做好网络直播，必然要打出一套艺术性十足的组合拳。

未来，网络直播将围绕理性、质量、品牌、跨界等几个关键词深层次发展。但是，无论网络直播如何发展，艺术性内涵都是保证其传播效果并使其获得长久生命力的前提。只有深入把握艺术性，夯实艺术基因，网络直播行业才能健康理性发展。我们坚信，网络直播是技术，更是艺术！

第一章　网络直播的基本发展

　　网络直播是一个新生事物，是伴随网络技术的推进而发展起来的，也是"互联网+"的鲜明体现。从最初的广播直播到后来的电视直播，从文字直播到图片直播，再到今天的全媒体直播，直播形式越来越丰富，直播内容越来越多样化，它们为网络直播的发展奠定了坚实的基础。随着时代的发展，网络直播也必将以更加丰富、更加完备的形态呈现在大众面前。

第一节　直播发展述略

　　直播是一种媒介表现形态，在国外被称为live。早期的直播是指广播电视节目的播出方式。在技术的支持下，直播不断发展。随着传媒形态的多样化，直播逐步从广播电视直播发展到网络直播，从定点直播走向移动直播，从室内直播走向户外直播，并开始介入社会和人们生活的方方面面。根据传媒发展的实际情况，可以把直播分为传统媒体时代的直播、网络时代的直播、移动互联网时代的直播三个阶段。

一、传统媒体时代的直播

　　直播，顾名思义就是直接播出，是人与人之间实时交流和互动的一种方式，其目的是满足大众的社交需求。可以说，直播伴随着人类生活而存在。比如，古代民间艺人在公共场所进行才艺表演，靠客人(消费者)的打赏来获取报酬，这种方式是最原始的"直播"。这种原始形态的直播，尚未和大众媒介相结合。

　　直播作为一种表现手段和大众媒体结合在一起，最开始和广播电视有关，因此它属于传统媒体时代的产物。

　　从技术层面上讲，广播电视节目是从直播走向录播再走向直播的，体现出技术支撑下的螺旋式发展。所谓录播，就是按照既定的策划方案和制作要求，通过一定的技术手段将节目制作录制(录音和录像)完毕，然后在相应的时间播出。录播在一定程度上保证了节目质量，同时便于保存节目以作资料之用。但录播需要相应的时间，因此时效性相对较弱；录播需要提前录制，因此现场感也较弱。所谓直播，是指广播电视机构不经过事先录音或者录像，直接在现场或者演播室播出节目。直播可以提升节目播报的时效性，并增强感染力。但是有些直播节目因为时间仓促而过于粗糙，给节目把关带来很大的难度。

从录播到直播是以技术为支撑的，但是在特定的历史阶段，"直播"却是不得已而为之的行为。比如，我国历史上第一部电视剧《一口菜饼子》就是以直播的形式呈现的。之所以如此，是因为我国当时还没有录像设备，只能让演员在演播室现场表演。

从录播到直播是一个质的飞跃，也是播出质量提升的重要标志，更是广播电视节目发展的基本趋势，但是我们也不能就此完全肯定直播而否定录播。事实上，录播和直播各有利弊，因此应当把握"录播节目直播化，直播节目录播化"的基本原则。"录播节目直播化"，是指在录播节目时，需要充分考虑到节目现场的互动等各种因素，以保证尽可能提升节目的感染力；"直播节目录播化"，是指直播节目应当像录播节目一样事先做好精心准备，从而尽可能提升节目的质量。

20世纪80年代中期，随着"珠江模式"的推广，广播直播成为一种重要形态，并在全国很多电台推广。20世纪90年代以来，电视直播逐渐成为常态。1997年被称为"中国电视直播年"，邓小平同志追悼大会现场直播、日全食与彗星同现天象奇观现场直播、香港回归祖国全程72小时直播、中共十五大开幕会现场直播、三峡大坝大江截流现场直播等引起了广泛关注。此后，电视直播在我国迅速发展。时至今日，大型活动现场直播已经成为常态，而且多为广播和电视同步直播。

电视直播可以分为演播室直播和现场直播两种情况。演播室直播是指直接将播出信号切入演播室，由主持人以及相关人员直接进行节目播出。这对主持人以及相关人员提出了较高的要求(主持人这一称谓在我国是从20世纪90年代才开始逐步使用的，以前更多称之为"播音员")。我国从中央到地市级媒体的电视新闻基本上都是采用演播室直播的方式播报的。现场直播直接将播出信号切入事件现场，将事件发生、电视播出以及受众接收的时间差几乎降到可以忽略不计的程度，极大地满足了"第一时间，第一现场，第一需要"的时效性要求。现场直播主要针对的是各种大型活动或者重要事件。但在现实操作中，现场直播具有相当的不可控性，因此对于电视媒体来说，直播节目通常会采用延时功能，将演播室直播和现场直播结合起来。这种现场直播既有现在时，也有过去时，极大地拓展了时空性，也保证了节目播出质量。

二、网络时代的直播

网络作为人类发展史上的"第四媒体"，极大地拓展了人类的时间和空间，真正体现了麦克卢汉所说的"人的延伸"。当网络和直播联系在一起时，直播在某种程度上成为一种常态。相比报纸、广播、电视等传统媒体而言，网络将信息的时效性从"及时性"提升到"实时性"再到"全时性"，而这正符合直播的本质。

网络时代的直播大致经历了三个阶段的发展。

第一阶段，网络平台为传统意义上的广播电视直播提供了相应的出口和平台，受众可以通过网络收听、收看相关节目直播，这相当于网络广播或者网络电视。从这个意义上讲，网络直播和传统意义上的直播没有本质上的区别，只不过接收终端发生了改变（从传统的广播电视接收装备转化为网络装备）。但是，限于网速等原因，这种网络直播和传统广播电视直播相比，并没有体现本质性的优势。

第二阶段，网络平台提供了各种图片直播、文字直播等，即图文直播。由于音频直播、视频直播本质上依托于传统的广播电视，受限于版权和技术等一系列因素，网络自主性直播早期都是以文字或者图片的形式进行的，它们是对音频、视频直播有益的补充，因其形式多样，极大地满足了不同受众的信息需求。

第三阶段，通过现场架设独立的信号采集设备(音频+视频+图片等)导入导播端，再通过网络上传到服务器，受众可以通过相应的网址在线收看。这种网络直播的形式与传统的广播电视存在重合之处，在相关内容选取和接收时间上具有自主性，涉及社会生活的方方面面，我们强调的"无直播，不生活"就是基于这一层面来说的。

早期的网络直播多为门户网站的行为，比如自21世纪初以来，以新浪、搜狐、网易、腾讯为代表的四大门户网站，先是接入广播电视直播信号并导入自己的播出平台，随后推出图文直播，再推出一系列自主性直播。随着网络的发展，直播变得越来越多样化、越来越个体化，现实生活中的很多方面都可以通过直播加以展示，同时作为个体的人也可以通过相应的平台进行自主性直播，这在很大程度上推动了网络直播的发展。

网络直播吸取和延续了网络的优势，利用视听呈现的方式将产品展示、相关会议、背景介绍、方案测评、网上调查、对话访谈、在线培训等内容现场发布到网络上，利用网络的直观快速、表现形式多样、内容丰富、交互性强、地域不受限制、受众可细分等特点，加强活动现场的推广效果。现场直播完成后，还可以随时为受众继续提供重播、点播服务，有效延长了直播的时间、拓展了直播的空间，发挥直播内容的最大效果和价值，同时也极大拓展了人类的生存空间。

可以说，网络直播具有很多传统直播不具备的优势，因此才能在短时间内得到迅猛发展。时至今日，人们所说的直播基本上等同于网络直播。

三、移动互联网时代的直播

移动互联网时代的直播本质上仍然属于网络直播。人类进入移动互联网时代，为直播的发展带来本质性的提升。如果说一般意义上的网络直播属于直播1.0时代，那么移动互联网时代的直播就属于直播2.0时代，随着网络技术的发展和终端的丰富，网络直播还将进入3.0时代、4.0时代等。

移动互联网时代的直播和一般意义上的网络直播相比，在技术上更进一层，也就是从内容传播到内容接受都是通过移动终端得以完成的。随着经济文化的发展，我国网络市场快速发展，网民数量急剧增长，这给网络直播提供了重要前提和保障。尤其是智能手机的普及，4G乃至5G技术的推广，使得移动互联网直播成为可能并迅猛发展。在移动互联网时代，直播成为任何人随时随地都可以进行的活动，真正体现了"无直播，不生活"的盛况。

各种移动互联网平台为网络直播提供了广阔的舞台。很多互联网平台专门以直播为核心业务，比如龙珠、虎牙、斗鱼、小红书、六间房、西瓜视频、抖音、火山小视频、B站、快手、一直播、陌陌、映客、探探等。这些直播平台在内容上各有侧重，共同瓜分着强劲的直播市场。由于竞争激烈，以及直播技术发展迅猛，直播市场具有明显的大浪淘沙特质，一些直播平台在上线后很快淡出大众视野，而另外一些新的直播平台又成为大众"新宠"，足以体现出网络直播的快节奏性。

移动互联网的快速发展，让人们认识到它巨大的社会影响力和经济回报率，这是大众积极介入直播的重要原因。也就是说，优质的直播极有可能产生可观的社会效益，也有可能产生巨大的经济效益。网络直播使得一些"草根"在一夜之间成为人气爆棚的网红明星，让人感受到只要付出努力，就会有成功的机会；也使得一些商品成为大众争相抢购的"时髦货"，在产品销售和大众消费之间建构起良性互动关系；还使得一些名不见经传的小景点成为旅游者前往打卡的重要目的地，客观上推动了当地旅游经济的发展；同时使得大众社交增加了新平台，在缓解大众情绪焦虑、提升有效社交方面发挥了重要作用。

网络直播也存在着一些负面影响，对此，我们需要理性看待。在网络直播发展过程中，有些网络平台或者互联网企业为了经济利益，屡屡出现一些违规甚至违法的行为，这些都是需要格外注意的。我们之所以从艺术的角度来审视网络直播，就是希望在规避相关问题的同时，尽可能提升网络直播的艺术性，从而进一步推动网络直播产业的良性发展。

第二节　当直播遇见网络

直播伴随着广播电视而来，并在网络时代得到更为迅猛的发展。当直播遇见网络之后，其面貌就焕然一新了。

一、网络扩大直播的对象范围

在网络介入直播之前，直播还只是广播电视的专利。由于电视具有图文并茂、声画并重的特性，从某种意义上来说，大众眼中的直播实际上就是电视直播。同时，因技术成本和人力成本的限制，早期的电视直播对象一般仅限于大事件，或者是重要的政务活动，比如每年全国两会后的总理记者见面会；或者是突发性事件，比如5·12汶川地震；或者是涉及公共利益或者公众兴趣的大事，如央视春晚、青藏铁路开通等。随着时代的发展，不少新闻类节目开始在各大电视媒体以直播的形式播出。

网络介入直播之后，直播的门槛大大降低，每个人都可以成为直播主体，能够按照自己的意愿随时随地进行直播。在当今的直播大家庭中，可以看到不同年龄的网络主播，人人都可以成为网络主播甚至可能成为"网红"。

网络介入直播之后，直播的范围更加宽泛，现实生活中的一切都可以成为直播对象。各种直播内容应有尽有，比如娱乐直播、游戏直播、电商直播、艺术直播、教学直播等。如果说，早期的直播属于泛娱乐范畴，那么如今的直播已经从"泛娱乐化"走向"泛生活化"，生活中的一切似乎都可以通过直播予以呈现。

二、网络开拓直播的经济属性

网络介入直播之后，直播容纳了更多的内容和形式，获得了广大网民的支持。这种超高的人气，使得人们在把握网络直播社会属性的同时，进一步放大其经济属性，由此形成蔚为壮观的"直播经济"。

网络直播之所以能够强化直播的经济属性，从而成就直播经济，本质上在于它采用了"直播+营销"的基本模式。网络直播作为新的产业经济形态，是网络直播技术、社会消费潮流以及消费者个人价值觉醒等一系列动因相结合的产物。

网络直播经济可以分为线上经济和线下经济两种基本情况。网络直播的线上经济主要是指直播平台在超强人气和粉丝数量的基础上，通过接拍各大企业、电商的赞助广告以及粉丝打赏、带货销售等各种方式产生的经济效益。不同类型的直播，线上变现的方式有所不同，因人而异，因时而异，也因直播内容性质而异。网络直播的线下经济，主要是指网络直播带动现实生活中相关产业的发展。在网络直播时代，线上经济和线下经济是不可能完全分开的，两者相互关联、相互促进、融为一体，这正是网络直播经济属性的明显体现。

三、网络提升直播的质量水准

直播的要义是"第一时间，第一现场，第一需求"，任何人都可以随时随地就任何内容进行网络直播，满足个人化的需求。网络在很大程度上提升了直播的质量水准。可以说，自从网络介入直播以后，直播再想回到传统媒体时代基本上是不可能的。

网络直播体现了直播的"第一时间，第一现场，第一需求"。尽管直播的出现大大提升了传播的时效性，即从先前播报的"及时性"提升到"即时性"，但是受制于技术以及人力、物力成本，传统意义上的直播仅限于对重大事件的播报。网络直播的低门槛化以及相对较低的技术成本，极大地满足了大众对"第一时间，第一现场，第一需求"的追求。直播的普及性是直播质量的重要保障。

网络直播在本质上属于内容的"私人定制",具有鲜明的精准化特点,因此在传播的内容和形式上具有明显的针对性,其传播效果更强,传播质量更好。比如,游戏直播更加强调游戏的体验性,带货直播更关注产品的质量、功能和价格,才艺直播更强调主播与用户的互动性等。可以说,在网络直播时代,每个人都可以拥有一个属于自己的直播空间,那里有自己喜欢的主播,自己喜欢的内容,更有自己喜欢的直播形式。

第三节　网络直播的价值

网络直播在最近几年发展迅猛并获得大众热捧,主要得益于其蕴含的各种价值。充分把握网络直播的价值,有助于我们更好地定位网络直播,从而推动其良性发展。

一、网络直播的个体价值

网络直播为每个个体提供了展示自我的平台以及彰显个体价值的机会。

网络直播作为一种体现参与式文化的社会媒介,在传播资源盈余的时代,具有全民参与性、场景丰富性、场景互动性和即时性的特点,打破了传统场景建构模式而形成场景混合化,缩短了场景距离,实现了场景信息共享,促进了场景交往行为"无地域"化,体现了参与式传播和场景式传播的特点。这些特点使网络直播满足了新媒体时代受众的社会心理需要,因而吸引了大批用户[1]。从这个层面来看,网络直播在很大程度上实现了个体价值。

根据网络直播用户的心理特点,可以将用户需求归纳为休闲娱乐需要、低卷入陪伴需要、认同和归属感需要、社交需要、认知需要五种情况。可以说,只有满足这五种需要,个体才能完成自我释放,实现自我价值。

休闲娱乐是大众选择观看网络直播的主要原因。面对现代社会快节奏、高强度的工作和生活,适时和适当的休闲娱乐成为人们调节身心健康的必需品。直播以其便捷性、互动性以及内容的丰富性,为大众休闲娱乐提供了多样化的选择。同时,直播用户可以随时随地地打开应用软件成为观看者。这种"入乎其内,出乎其外"式、碎片化、低卷入的陪伴状态,在不影响大众日常工作和生活的同时,能够更好地满足大众的需求。

直播的实时性与参与性使得个体价值得到认同。观看者数量的动态显示、点赞数和转发数显示、弹幕等功能以及发送表情符号、虚拟礼物等互动,增强了用户的参与感和在场感。在观看直播的过程中,用户和主播、用户和用户之间的参与互动促成了群体认

---

[1] 何祎金. 网络直播:要"颜值"更要价值[J]. 光明日报, 2019-04-13(13).

同的生成，这种体验可以满足用户在社会互动、认同和归属感方面的需要。

网络直播涉及日常生活乃至专业领域的方方面面，满足不同用户的不同需求。母婴、美妆、料理、健身、语言学习、旅游攻略、计算机软硬件评测等应有尽有，这使得直播平台像一个搜索引擎，为具有不同知识结构和背景的用户提供了直观而便捷的学习体验。

网络直播门槛较低，具有鲜明的草根性，为大众提供了展示自我的平台和传播信息的机会，打破了传统工业化社会通过现代化的教育体系和社会身份制度形成的社会区隔，提升了大众对社会现实的预期，也体现了大众对社会公平性的追求。

二、网络直播的社会价值

网络直播作为一种依托于网络技术和社会文化的新现象，具有鲜明的社会价值，这也是它能够迅速发展的根本所在。

1. 网络直播的社会价值在于它创造了新的网络文化景观

(1) 网络技术的发展给大众提供了参与文化创造的机会，直播不再是一部分人的专属。同时，大众围绕直播进行观看、点赞、评论等，从而形成多元的文化景观。

(2) 网络直播催生了很多新潮文化，这些新潮文化不断被大众接纳认可，从而成为大众文化的一部分。

(3) 网络直播给大众创造了新的文化方式和生活方式，并由线上逐步延伸到线下，是对社会转型中大众文化和生活的丰富和补充。

2. 网络直播的社会价值在于它推动了各种知识的传播和交流

随着经济的发展，人类逐步进入"浅阅读"时代，网络直播成为人们获取知识的重要平台。由于网络直播涉及的内容非常丰富，不少直播平台已然成为一个搜索平台，为大众提供了各种各样的知识，并且表现形式灵活多样。比如，在2020年春季新冠疫情非常严峻的时刻，各种直播平台向大众普及了相关防疫知识。同时，直播也为各种知识交流提供了多元平台。网络直播的发展吸引了很多精英知识分子的加盟，直播平台成为精英文化和大众文化交汇的重要平台。

3. 网络直播的社会价值在于它推动了社会的交融发展

随着社会转型发展，不可避免出现的贫富差距、城乡差别以及社会上的各种越轨行为，使得整个社会呈现出离散化乃至撕裂化状态。作为"社会守望者"的大众媒体具有"晴雨表"和"减震器"的功能，而网络直播作为一种新兴媒体形式，进一步放大了大众媒体的大众性特征。网络直播形式多样，群众基础深厚，发挥着不可替代的社会整合作用。网络直播有个人情感的宣泄，有各种观点的争鸣，更有价值观的引导，可使一些社会问题在一定程度上消解于"无形"，对社会的整合和稳定有着积极的作用。

三、网络直播的经济价值

随着网络技术的发展以及应用成本的逐年降低，网民数量急速增长，而与网络相关的产业也得到了快速发展，从而形成相当规模的网络产业。网络直播是网络产业快速发展的产物，自然有着明显的经济价值，这就是人们常说的"直播经济"。

对于网络直播来说，无论是线上还是线下，都可以带来可观的经济效益。经济价值的急速提升是网络直播发展的基本前提和保障。国家统计局和艾媒数据中心联合发布的"2015—2019年中国网上零售总额与居民消费支出总额及其比例"显示，网上零售额每年都有较大幅度增长(见图1-1)，而2020年作为特殊年份，更是进一步放大了网络直播的经济效益，社会各界对网络直播的经济价值充满更高的期待。

图1-1 2015—2019年中国网上零售总额与居民消费支出总额及其比例[1]

网络直播不仅推动了线上经济的发展，同时也带动了线下各个行业的蓬勃发展。在网络直播的推动下，线上线下经济相互促进并逐步形成一体化格局，这也是未来直播经济的发展趋势。

网络直播改变了大众的消费习惯，成为"消费社会"最亮丽的颜色。同时，网络直播推动了相关产业的转型升级，助推了实体经济的发展。这是我们对网络直播经济价值的基本认知。

---

[1] 国家统计局，艾媒数据中心.

第四节　网络直播的基本特点

网络直播作为一种新型信息传播方式，将引领媒体信息传播与互联网应用向更高、更深层次发展。网络直播之所以得到大众的热烈追捧，是因为它具有传统传播方式所不具备的优势和特点。

一、内容的丰富性

网络直播之所以得到众人的追捧并快速发展，关键在于其内容的丰富性。网络直播涉及工作和生活的方方面面，只要在法律法规允许的范围内，一切都可以进入直播平台进行传播并引发相应的互动交流，这也是我们所说的"无直播，不生活"。

从当前网络直播的发展来看，其内容大致可以分为泛娱乐直播、游戏类直播、电商类直播、课程类直播、公益类直播、混合类直播等。不同内容的网络直播有着不同的聚合点，涉及不同的行业，满足不同的用户需求。比如，泛娱乐直播定位于青春和时尚，以IP为核心展开跨领域和多平台的商业运作模式；游戏类直播以游戏体验和交流为主；课程类直播以各种定位精准的课程为主要内容，并以线上方式进行讲授；公益类直播涉及现实生活中的公益事业、公益话题等；混合类直播的行业界限相对模糊，涉及面相对较为宽泛。

网络直播内容的丰富性体现在两个方面：对于大众而言，他们可以通过不同的直播平台满足不同的兴趣和需求，这也是网络直播快速发展的根本原因；对于直播主体而言，应当结合直播内容以及用户特点，选取不同的形式和定位，实现精准传播，从而提升直播效果。

二、形式的多样化

网络直播的本质是直播，但是这并不意味着它在形式上千篇一律。事实上，在网络直播的发展过程中，先后出现了多种多样的表现形式。也正因为形式多样，直播才更具有活力。网络直播的表现形式可按以下四种方法进行分类。

1. 按直播空间分类

从直播空间呈现来看，网络直播可以分为室内直播和户外直播，也可以分为定点直播和移动直播。室内直播往往对室内布景有一定的要求；而户外直播需要考虑直播内容和周边景致是否相搭。定点直播是指摄像机位固定，参与直播的人在镜头面前进行表演和呈现的表现形式；移动直播是指摄像机根据需要不断移动，从而实现景别移动和直播相结合的表现形式。

2. 按直播内容分类

从直播内容呈现来看,网络直播可以分为解说型、展示型、互动型等多种形式,这也需要根据直播的内容和受众特点进行相应的选择。同时,对于一场直播来说,往往是多种形式糅合在一起的。即便是广告传播,网络直播也体现出多种形态,比如"直播+试用体验""直播+广告隐性植入""直播+主题活动""直播+企业主访谈"等多种模式。

3. 按直播主体分类

从直播主体呈现来看,网络直播大致可分为"网红"和明星直播、"素人"直播、企业和品牌直播。这三种直播主体实际上形成三种力量、三种模式,分别对应不同的接受主体,在某种程度上各有其受众群体。

4. 按直播盈利方式分类

从直播盈利方式来看,有的平台依靠主播的知名度、个人魅力以及内容的吸引力等来获得用户的打赏;有的平台依靠各种广告植入获得相应的收益;有的平台采用带货销售的方式,依靠粉丝实现商品销售从而盈利。

三、功能的多样化

网络直播之所以发展迅猛,主要是因为它能够满足受众的多样化需求,体现多样化的功能。

1. 网络直播可以是才艺展示的舞台

网络直播异常火爆的一个重要原因,就是大众通过网络直播可以找到一个适合自我表达的出口或者方式。先前,由于平台自身定位以及资源有限,通过大众媒体进行自我展示的机会只可能属于少数人。网络直播的开放性使得每个人都可以通过直播平台进行才艺展示,并且得到相应的回报。网络直播更具有草根性,因此成就了不少"草根"式的网络达人,这在一定程度上刺激着更多的"草根"加入其中,从而进一步夯实了网络直播的大众基础。

2. 网络直播可以是自我推广的平台

当前,不少名人和知名企业选择加盟直播平台并参与直播活动,实际上都是看中了网络直播的自我推广功能。名人和知名企业加盟网络直播,是为了延续他们在现实生活中和传统大众媒体上的知名度和美誉度。如今"酒香不怕巷子深"的传统思想已经不再适用,我们需要更加积极地采用新的传播手段进行自我推广。当然,自我推广应基于相应的实力和底气,夸夸其谈的自我推广在短时间内可能也有一定的效果,但是长期来看,这种缺乏实质内容和真实性的推广方式往往会产生负面影响。

3. 网络直播可以是知识传播的平台

通过网络直播进行才艺展示的人相对较少，这体现了强烈的"传播者"思维，大众观看网络直播主要还是为了获得自己需要的各种知识。因此，网络直播可以为网民提供学习、休闲和沟通的平台。在这个平台上，主播就是组织者、服务者，他们身上的耀眼光环可以吸引更多的网民前来观看，从而提升相关知识的传播效果。比如，某直播间的直播目的虽然是销售化妆品，但是也向大众普及了相应的化妆、美容方面的知识和技巧，形成知识传播。网络直播在一定程度上改变了大众学习知识、接受知识的方式，视听双通道的学习方式可能更适合年轻一代。

4. 网络直播可以是情感交流的平台

网络直播最初的功能定位是社交平台，它是一种新兴的网络社交方式，因此可满足大众强烈的情感需求。所谓的社交平台，就是供大家相互交流和加深感情的平台，大多数网络直播平台也是按这样的轨迹逐步发展而来的。比如微视、秒拍等早期的网络直播平台以交流、分享为主要目的。YY、斗鱼等直播平台实施"直播+快乐"的泛娱乐战略，很快就在直播领域迅速崛起，这是因为它们准确地把握了大众的情感需求。网络直播作为社交时代的必然产物，一方面源于大众在新的社会环境下，社交需求被进一步发掘出来；另一方面源于人们对深入社交提出更高的要求，而先前的点对点式社交模式已不能满足大众需求。即便是当下非常火爆的带货直播，如果没有情感交流、情感认同作为基础，也是难以持久的。

5. 网络直播可以是产品销售的平台

网络直播助推产品销售是对其经济属性的进一步开掘。网络主播在积聚一定的人气之后，可以利用直播平台推介并销售相应的产品，例如非常红火的带货直播就是典型代表。直播平台通过文字、声音、图像相结合的方式全方位地展现相关产品，再加上主播的煽动性或者悲悯性的语言能够深深触动消费者的情感，从而让消费者产生购买的冲动，完成消费行为。当前，大众的生活方式和消费方式发生了很大变化，网络消费成为常态，给网络直播的带货销售带来了前所未有的机遇。

四、体验的真切性

网络直播之所以快速发展，还在于它给广大网民带来了体验的真切性。

1. 网络直播满足了大众"眼见为实"的心理需求

随着互联网的快速发展，各种垃圾信息、冗余信息乃至虚假信息越来越多，这些信息鱼龙混杂，严重干扰了大众接受新事物、学习新知识的通畅性，甚至还可能造成严重后果。网络直播的即时性极大地满足了大众"眼见为实"的求真心理，能使大众产生体验的真切性,从而分辨虚假信息。

2. 网络直播的互动分享性满足了大众的心理诉求

网络直播具有社交功能,互动性、分享性是其显著特征。通过互动分享,网民形成各种各样的圈子,满足了从众心理。由于大多数网民在互动分享时是从个人喜好出发的,没有明显的目的性,更能够获得他人的认同,从而夯实网络直播真切性的基础。

3. 网络直播的时尚性增强了广大网民的情感认同

与其他网络媒体相比,网络直播在受众定位上呈现青年化、城市化等特征(见图1-2),具有明显的时尚性,比如涉及文娱、旅游、影视、饮食、美妆等相对软性的时尚性内容。而且网络直播能根据网民的诉求不断推出新知识、新产品,体现出强烈的与时俱进的色彩,因此更能够获得青年网民的情感认同。

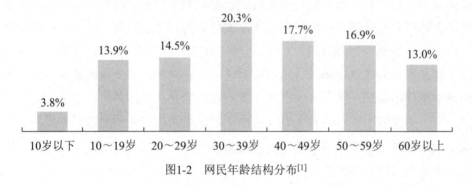

图1-2　网民年龄结构分布[1]

---

[1] 中国互联网络信息中心. 第52次《中国互联网络发展状况统计报告》,2023-08.

第二章　网络直播的基本类型

　　网络直播在发展过程中，呈现出内容和类型的多样化，不仅涉及大众日常生活的方方面面，还逐渐与传统直播对接起来。不同的行业类型对直播有着不同的要求，要想做好网络直播，就要深入把握其基本类型，针对其特点制定有效的策略。

第一节　传统直播

　　从本质上讲，直播并不是一个新鲜事物，它在广播电视行业里已经被娴熟使用，并发挥着不可替代的作用。传统直播受限于技术条件和大众基础，一直被视为技术高端，其使用频次和场合相对有限，随着技术的逐渐普及，传统直播依然只能为少数人所用，大众只能担当"围观者"的角色。同时，我们还需要认识到，网络直播发展迅猛不意味着传统直播就会淡出大众视线；相反，传统直播对当前的网络直播有着很大的启迪作用。传统直播伴随着网络的发展在网络上呈现，属于广义上的网络直播。

一、传统直播启发网络直播

　　传统直播是广播电视技术和理念发展到一定阶段的产物。麦克卢汉曾经在他的传世名作《理解媒介——论人的延伸》中提出"地球村"的概念。事实上，"地球村"之所以成立，本质上就是广播电视直播给人类带来的极大福利，使得中国神话中的"千里眼""顺风耳"成为现实。当世界上任何地方发生重大事件的时候，借助直播技术，全世界的人们都可以在同一时间共同关注这一事件的进程。比如，1969年"阿波罗计划"中，美国宇航员尼尔·阿姆斯特朗成功踏上月球，并道出一句被人们奉为经典的话："这只是一个人的一小步，但却是整个人类的一大步。"美国国家航空航天局(NASA)动了很多脑筋，提前做了很多技术开发和储备，最终通过电视直播的方式向全世界展现了成功登月的过程，当时全世界约有6亿人观看了这场直播。这场直播让大众真正见识了大众媒体的威力和魅力。

　　随着时代的发展，当大事件、突发性事件发生时，广播电视直播已经成为常态(见图2-1)。大型活动看直播，突发事件看直播，重要事件看直播，已经成为大众生活常识。广播电视直播具有以下特点。

图2-1 广播电视直播拍摄现场

1. 稳定性

尽管直播面临不可控的风险,但是大多数直播事先都可以预知题材,可在直播之前尽可能地做好各项准备工作,从而实现"直播节目录播化"的效果。对突发事件进行现场直播具有较大的不可控性,但是通过日常直播经验的积累再加上采用"现场直播+演播室直播"相结合的方式,其风险总体上是可控的。

2. 快捷性

快捷性是直播节目最本质的特征。人类对信息播报时效性的追求是无止境的,直播不仅可以将采访报道、制作编辑、播出接收三位一体化,还可以将时间差压缩到可以忽略不计的极致状态。直播就是时效性最强的体现。

3. 真实性

受众在直播中看到的是第一手材料,减少了信息在多次传播过程中可能出现的损耗衰减以及主观性介入。同时,记者在现场的看、听、说等行为,为受众带来了强烈的代入感。因此,直播能够最大限度地保证信息的真实性和生动性。

网络直播之所以得到快速发展,在很大程度上是因为它继承和发展了传统直播的特点。可以说,没有先前广播电视直播的各种探索,就没有当前如火如荼的网络直播。大众之所以认可网络直播,首先在于它带来的真实性体验,其次是方便快捷性,此外还有更为灵活的人际互动,极大地满足大众的信息需求、社交需求和情感需求。

二、网络推动传统直播发展

随着网络技术的发展和普及，人类进入网络时代，传统媒体受到了极大的冲击，即便是较为先进、时尚的广播电视直播也是如此。随着网络媒体的冲击，传统直播面临着极大的压力，尤其是在移动终端成为传播主渠道、网络直播无处不在的今天，形势更加严峻。尽管如此，传统直播也没有淡出大众视野，这是因为广播电视直播秉承传统媒体公信力，在发展自身的同时，也不断吸纳网络媒体的优势，从而推动自己的转型升级。可以说，正因为网络媒体的冲击，广播电视直播才开始探索转型发展，从而保持与时俱进的活力。如今，直播依然是广播电视栏目的最高形态之一，已被受众认可。

1. 传统直播从"以传播者为中心"逐步向"以接受者为中心"转变

传统直播在内容上发生了较大变化，先前的直播内容主要是时政大事，随着时代的发展，传统直播开始兼顾公共利益和公众兴趣，拥有了更广泛的受众基础。可以说，在传播观念发生变化后，视点不断下移是传统直播发生的明显变化。这也是传统直播在竞争激烈的时代得以立足的根本原因。

2. 传统直播的视听手段更加丰富

广播电视发展的决定因素是观念和技术，广播电视直播在技术的推动下不断发展，以应对来自各方面的挑战。在素材采集技术方面，传统直播走过了从电子新闻采集(electronic news gathering，ENG)到卫星新闻采集(satellite news gathering，SNG)再到数字卫星新闻采集(digital satellite news gathering，DSNG)的历程，这给直播效果的提升提供了前提和保障。在直播技术方面，传统直播走过了数字微波、3G、4G以及5G直播，再到后来的网络直播、卫星直播、组合直播等。在三网融合背景下，移动通信技术大大提高了电视直播的稳定性，随着网络技术的发展，传统直播技术不断更新换代。

3. 传统直播更注重与受众的沟通

传统直播重视与受众的沟通，而网络的发展提升了沟通的效率，主要体现在三个方面：首先，受众有了更便捷的手段与广播电视媒体进行沟通反馈；其次，广播电视媒体有了更多的方式收集受众的批评和建议；最后，危机感的存在促使广播电视媒体更加重视受众的反馈和与受众交流。

对于传统直播来说，网络不仅带来了技术推动，还给传统的受众群体和传播环境带来了本质性的改变，同时带来了一种观念的创新，从而促使面临生存压力的传统直播不断求新求变。

三、网络时代的传统直播生态

网络时代的到来颠覆了很多经典传播理论，传统媒体的生存环境发生了很大的变化。首先，传统媒体"舆论一律"的局面被打破。其次，传统媒体"单声道"传播的形式不再适用，逐渐开始寻求和受众的交流、沟通，从而走上"双声道"的传播道路。最后，传统媒体的自我革新动作越来越大，体现出鲜明的与时俱进性。

在传统媒体生态环境发生极大变化的同时，传统直播的生态状况也有明显的变化。

1. 传统直播的内容选择更加多样化，向常态化方向发展

在传统媒体时代，受制于传播观念，直播内容通常是重大时政事件或者社会影响极大的事件。比如在被称为"中国电视直播年"的1997年，有影响力的直播有邓小平同志追悼大会现场直播、日全食与彗星同现天象奇观现场直播、香港回归祖国全程72小时直播、中共十五大开幕会现场直播、三峡大坝大江截流现场直播等，这些都属于时政大事或者重大社会事件。进入网络时代后，传统直播的视线不断下移，除了传统被纳入直播的内容外，大众关心的其他事件也逐渐成为直播内容，甚至还出现了直播频道。2003年，中央电视台成立新闻频道，在经过多次改版之后，不少栏目实行滚动式直播，从而实现了直播的常态化。可以说，传统直播的常态化，在一定程度上是网络媒体快速发展推动的结果，同时又启发了网络直播的发展。

2. 传统直播的传播方式更加多样化

传统直播的方式有在现场架设直播机器进行直播、演播室直播、演播室直播结合记者现场连线等。采用这些常规手段，都需要事先进行精心准备。随着网络时代的到来，传统直播引入了卫星直播车(见图2-2)和便携式直播设备，以移动直播的方式呈现，直播在反应快捷的基础上更加常态化。当然，移动直播对直播人员的综合素养也提出了更高的要求。

图2-2　卫星直播车

3. 传统直播的传播效果更加显著，强化了传受互动关系

网络时代最大的特征就是强调传受关系，甚至在一定程度上打破了传受之间的界限，随时发生角色互换。对于传统直播来说，除了沿用传统的互动方式(书信、电话、短信等)外，还积极引入网络互动方式。比如2016年中央电视台春节联欢晚会在直播中使用的"微信摇一摇"，现如今的各种软件App甚至弹幕等多媒体互动方式已经在传统直播中频繁使用，这些互动方式让受众感觉不到传统直播和网络直播的本质性差异。

4. 传统直播的接受平台更加多样化，和网络媒体对接密切

传统时代的直播，基本上是电视一家独大，在技术上具有先天的"垄断性"。进入网络时代之后，网络直播广泛兴起，传统直播受到极大冲击。同时，随着网民数量的急速膨胀，传统电视用户逐渐流失，传统直播不得不正视收视市场。在这种情况下，主动和网络媒体合作成为传统直播转型发展的必由之路。例如，当前的电视直播，除了通过传统手段进行传播之外，还与相关网站进行合作，实现网络同步播出。平台的多样化使得受众接受传播内容更加便捷，在一定程度上延续了传统直播的生命力。

总体而言，网络时代的传统直播必然要与网络相结合，深度融入网络，这是传统直播未来的唯一出路。

第二节　泛娱乐直播

泛娱乐直播是当前网络直播最重要的类型，同时也是涵括面最广的一种类型，涉及生活的方方面面，它在某种程度上引领着网络直播的发展。泛娱乐直播已经成为当下特别流行的娱乐方式之一。

一、泛娱乐的基本内涵

所谓泛娱乐，是指以知识产权(intellectual property，IP)授权为核心，以游戏运营和网络平台为基础所展开的多领域、跨平台的商业拓展模式。作为互联网时代的一个新概念，泛娱乐最初是由时任腾讯集团副总裁的程武在2011年提出的，并在2015年发展成为业界公认的"互联网发展八大趋势之一"。

由于长期受传统思想的影响，人们的价值判断往往从实用主义和教化的角度出发，"娱乐"一词被人们视为贬义，将其与吃喝玩乐、声色犬马等联系起来并予以排斥和批判。但是，客观地讲，娱乐是一个中性词，正是因为有了一定的娱乐休闲，人们才能以更好的面貌投入到工作中去，尤其随着大众媒体的发展以及社会经济生活的全面提升，娱乐的内涵越来越丰富、包容，甚至在一定程度上成为拉动消费的重要内容。如今，大众已经能够比较理性地看待"娱乐"，这是"泛娱乐"进入大众视野的基本前提。

在"泛娱乐"正式进入大众视野之前,"泛娱乐化"作为大众媒体的畸形发展现象,在精英话语下屡受批判。在大众媒体语境下,泛娱乐化是指以消费主义、享乐主义为核心,以现代大众媒介如报纸、电视、电影、网络以及舞台表演等为主要载体,以内容浅薄空洞的方式,通过戏剧化的滥情表演和表达,从而达到快感的一种文化现象。尽管屡受批判,但是泛娱乐化是大众媒体不可扭转的趋势。这一方面体现了大众文化口味在新的社会环境下发生的变化,另一方面体现了媒体功能的延伸和拓展。

2011年7月8日,在中国动画电影发展高峰论坛上,时任腾讯集团副总裁的程武提出以IP打造为核心的"泛娱乐"构想,这是整个行业内首次提出"泛娱乐"的概念。在UP2012腾讯游戏年度发布会上,程武正式宣布推出泛娱乐战略,即以IP授权为轴心,以游戏运营和网络平台为基础的跨领域、多平台的商业拓展模式。在这次发布会上,还成立了"泛娱乐大师顾问团",谭盾任首席音乐顾问,蔡志忠任首席动漫顾问,清华大学教授尹鸿时任首席传播学术顾问,陆川任首席影视顾问,Micheal Lau(刘建文)任首席玩偶设计顾问,韩国玄幻作家全民熙任首席文学策划顾问。不久之后,顾问团继续升级,如中国围棋职业九段棋手古力、诺贝尔文学奖获得者莫言等先后加盟。各行各业的重要人物参与顾问团,体现了泛娱乐的巨大包容性。程武也对泛娱乐战略做出全新阐述,定义为"基于互联网与移动互联网的多领域共生,打造明星IP的粉丝经济"。

程武提出"泛娱乐"概念,在文化产业领域和互联网行业产生了极大影响,尽管大家对泛娱乐的理解可能不尽相同,但是大家都已认识到这是互联网行业和文化产业领域的发展趋势。在UP2015腾讯互动娱乐年度发布会上,程武继续阐发了关于泛娱乐时代未来趋势的五点思考:第一,任何娱乐形式将不再孤立存在,而应全面跨界连接、融通共生;第二,创作者与消费者的界限逐渐被打破,每个人都可以是创作达人;第三,移动互联网催生粉丝经济,明星IP诞生效率将大大提升;第四,趣味互动体验将广泛应用,娱乐思维或将重塑人们的生活方式;第五,科技、艺术、人才自由,"互联网"将催生大创意时代[1]。

2018年3月,工业和信息化部在中国国际互动娱乐大会(China Interactive-entertainment Global Conference,CIGC)发布了《2018年中国泛娱乐产业白皮书》,认为"在'连接'思维和'开放'战略下,文化多业态融合与联动成为数字娱乐产业尤其是内容产业的发展趋势,以文学、动漫、影视、音乐、游戏、演出、周边等多元文化娱乐形态组成的开放、协同、共融共生的泛娱乐生态系统初步形成"。

泛娱乐直播是泛娱乐产业的重要组成部分,是以文学、动漫、音乐、游戏、演出、周边等各领域的多元文化娱乐形态为内容的直播类型(见图2-3)。从内涵上讲,泛娱乐直播以各种休闲、娱乐等内容为直播对象,不仅能给大众带来轻松愉悦的体验,还能因此产生相应的社会效益和经济效益,因此,泛娱乐趣直播的内容十分广泛,几乎涉及生活

---

[1] UP2015腾讯互动娱乐年度发布会成功举办[J]. 电子竞技,2015(7).

的方方面面。同时，作为一种新兴产业，泛娱乐直播尤其注重品牌效应，在明星主播的基础上着重推出相应的草根主播，从而打造网络经济，进而形成品牌效应，推动相应衍生产品的生成和发展。

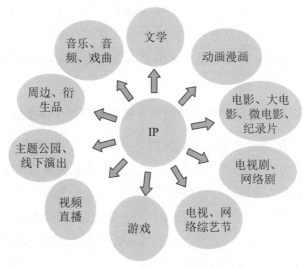

图2-3 泛娱乐生态系统[1]

二、泛娱乐直播的优势

泛娱乐直播自从进入大众视野后得到迅猛发展，在一定程度上引领着网络直播的发展，为泛娱乐产业注入了相当的活力。泛娱乐直播之所以在短时间内取得成功，主要在于其自身具备的优势和特点。

1. 泛娱乐直播与人的娱乐天性暗合，这是它快速发展的基本前提

随着时代的发展，在日常学习和工作之余，放松身心的休闲娱乐已经成为人们生活的重要组成部分，尤其是随着物质生活的日渐充盈，大众对精神生活的丰富性提出更高要求。游戏和娱乐作为人类的天性在这种环境下被逐渐放大，而泛娱乐直播在某种程度上正好迎合了大众的精神需求。党的十九大报告提出："我国社会主要矛盾已经转化为人民日益增长的美好生活需要和不平衡不充分的发展之间的矛盾。"对娱乐生活的正当追求应当成为人民"美好生活需要"的重要构成。对于个体来说，泛娱乐直播使得娱乐休闲随时随地都可以进行，极大地满足了不同群体的不同需求。

2. 泛娱乐直播内容的丰富性，使得它具有强大的吸引力

"泛娱乐"的本质在于一个"泛"字，既可以将它理解为一种层次相对较浅的内

---

[1] 观研天下. 我国泛娱乐行业分析：细分市场规模多点开花，出海产品百花齐放[EB/OL]. https://www.chinabaogao.com/,2023.

容，也可以将它理解为一种无所不包的内容。泛娱乐涉及生活的方方面面，既有人类的各种艺术呈现，如文学、音乐、动漫、舞蹈、影视、演出等，也有现实生活的各种需求，如旅行、美妆、游戏等；既有大众性内容，也有专业性内容。尽管每个人的兴趣爱好不同，但是总可以在泛娱乐直播平台上找到属于自己的内容，从而达到放飞自我、满足自我心理需求的目的。从内容定位的角度来看，有些直播属于常识普及，因而比较大众化；有些直播则相对专业，因而受众较少。不同的内容可以满足不同群体和不同个体的需求。

3. 泛娱乐直播以形象生动的方式来呈现，能够被不同个体接受

网络直播最大的特点就是形式灵活多样，从而满足不同群体和个体的不同需求。从泛娱乐直播的呈现方式来看，它既可以为大众提供欣赏观看的内容，符合传统时代对"独乐乐"式休闲的基本理解，也可以为大众提供示范，从而形成"众乐乐"的狂欢式娱乐。尽管在泛娱乐直播兴起之初，它因为形式和内容的问题而遭受到精英知识者的批评，但是随着其自身的发展，它也在一定程度上吸引了部分精英知识者。可以说，泛娱乐直播已经变成一场全民狂欢式的娱乐化表达。如果再有人完全屏蔽泛娱乐直播，可能会错过参与这个时代的机会。

泛娱乐直播之所以能够快速发展，是因为其具有明确的受众定位、丰富的内容以及多样化的表现手段等优势。

三、泛娱乐直播的发展

泛娱乐的概念早在2011年就被提出并得到人们的广泛认同，自2016年泛娱乐直播开始迅猛发展。泛娱乐直播的发展大致可以分为两个阶段。

1. 2016—2018年，泛娱乐直播快速发展阶段

相关资料显示，2016年泛娱乐直播的市场规模达208.3亿元，同比增长180.1%(见图2-4)，其中来自用户付费的营收规模占比超90%，企业端付费主要来自游戏直播的游戏联运收入[1]。2016年，泛娱乐直播的快速发展大致基于以下几个原因：其一，2016年我国移动直播迅速兴起，直播门槛大大降低，同时中央提出的"提速降费"逐步落实，带动用户规模迅速提升；其二，互联网付费时代来临，提高了线上支付的便捷性，在一定程度上刺激了用户打赏的意愿，付费用户规模和用户平均收入(average revenue per user，ARPU)大幅提高；其三，直播内容升级，内容价值提高，用户依据内容付费的意愿也随之提高。

---

[1] 中国泛娱乐直播行业发展现状：2019—2020年用户规模波动较小，市场进入存量竞争阶段[EB/OL]. 中国产业信息网，https://www.chyxx.com/industry/202006/870127.html.

图2-4　2014—2019年中国泛娱乐直播市场规模及同比增长情况[1]

2. 2019年以后，泛娱乐直播进入发展瓶颈期

对于网络直播来说，用户至上是核心原则。近年来，泛娱乐直播的用户增长速度明显放缓，其市场规模扩张速度也随之放缓(见图2-5)。这可以视为该行业逐步进入理性运转期，但是其中折射出的瓶颈问题依然值得我们关注。从用户的角度来看，随着新鲜感的退潮和直播内容的严重同质化，不少用户逐步流失(尽管也有新生用户加入)；从泛娱乐直播本身来看，相比2016年的疯狂增长，当下资本介入直播越来越理性，行业出现新一轮的洗牌。此外，变现模式的固化提高了泛娱乐直播的运营成本。用户打赏、网红抽成等变现模式，导致直播平台更看重网红的引领作用，行业恶性"抢人"事件频频发生，忽视了用户的体验感，这在某种程度上加速了用户的流失。

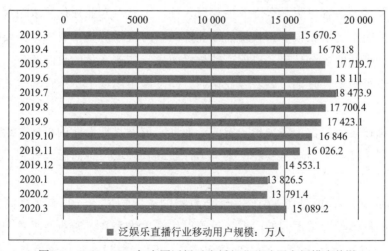

图2-5　2019—2020年中国泛娱乐直播行业移动用户规模走势[2]

---

[1] 中国泛娱乐直播行业发展现状：2019—2020年用户规模波动较小，市场进入存量竞争阶段[EB/OL]. 中国产业信息网，https://www.chyxx.com/industry/202006/870127.html.

[2] 中国泛娱乐直播行业发展现状：2019—2020年用户规模波动较小，市场进入存量竞争阶段[EB/OL]. 中国产业信息网，https://www.chyxx.com/industry/202006/870127.html.

我们需要看到,当前泛娱乐直播在满足大众的感官需求的同时,进一步放大了大众的窥私欲。随着市场的日渐成熟,在泛娱乐直播中,颜值型和话题型"网红"终将作为快速消耗品消失在大众视野中。因此,泛娱乐直播必然需要寻找新的增长点。

泛娱乐直播进入瓶颈期,并不意味着后续增长乏力,或者难以再度辉煌。既然是存量竞争,就需要在稳住既有用户的基础上,进一步在内容平台和运营模式等方面多下功夫,如此,才能实现行业的本质性突围。

第三节 专业直播

所谓专业直播,是指以相关专业内容为对象面向特定群体的直播类型,是相对于综合类直播而言的。相较于泛娱乐直播的浅显,专业直播对内容要求更高,同时也强化了用户的黏性,目标更加精准。

相较于泛娱乐直播希望吸引所有用户的野心,专业直播更加理性,它是在"窄播化"的理论指导下对市场进行深度挖掘的,因此在竞争日趋激烈的直播市场中有其存在的必然性,在未来有着广阔的发展前景。

一、专业直播的基本定位

在谈及专业直播时,我们需要区分专业性直播和直播的专业性这两个概念,切不可混淆。专业性直播是从直播的内容层面来定义的,它以相关的专业内容为直播对象,目标对象更加精准,内容也更具有专业性和深入性,因此对专业知识要求相对较高,用户在短时间内可能不会增长很多。直播的专业性源于对直播的基本要求,需要按照专业化的思路来设计直播的各个环节,以保证其传播效果。随着竞争的日趋激烈,当前的网络直播已经走出野蛮增长时期,朝着专业化的方向发展,出现了不少直播专业团队,传播效果越来越好。

专业直播在内容定位上体现出一定的专业性,遵循"把专业的事情交给专业的人去做"这一原则。专业直播通常专注于某一个行业或者领域,进而做大做强,从而成为行业翘楚。

比如,游戏类直播(见图2-6)作为专业直播的重要构成,一直有着很高的人气,而且针对不同的群体设置了不同的门槛。尽管以传统思维来看,游戏似乎难登大雅之堂,但是对于一档直播节目来说,它不仅能引导广大网民参与各种电子竞技,释放身心压力,而且能通过各种官方赛事和民间赛事来提升大众竞技水平,提升产业水准,可以说,非专业人士、资深玩家无法担当此任。

课程类直播在近些年得到快速增长,在一定程度上成为学校课堂教学的补充。课程直播模拟真实的课堂教学，虽然隔着屏幕，但是用户可以通过弹幕、音频等多种方式与老师互动，既打破了地域阻隔，体现了教育的均衡性，又很好地实现了互动性，彰显了教育的本质，在当前教育领域功不可没。真正能够进行课程类直播的人士，不仅要懂得常规的教学方法，向用户传授相应的专业知识，同时还需要懂得网络规律，这样才能达到网络直播教育的效果。

图2-6　某游戏直播画面

例如，张召忠在退休之前的官方身份是国防大学少将军衔的教授、军事理论家和军事评论家，还曾经被评为"年度十大科普新闻人物"。鉴于自身的知名度和网友的呼唤，张召忠在多家网站开通了直播节目。从杂志时代、电视时代再到新媒体时代，张召忠积极参与了军事和国防知识的普及工作，见证了全社会军事热情的兴起。张召忠自身具备较强的专业素养，在向大众普及军事和国防知识方面功不可没，也非一般意义上的军事爱好者可比，因此他的直播可以视为专业直播。

尽管专业直播不可避免地会体现网络自身的一些特点，同时主播也有迎合当前青年用户观看习惯的倾向，但从总体上讲，它以专业内容吸引特定的专业用户，这是其自身的基本定位。相较于泛娱乐直播而言，专业直播的受众群体较小，但它原本的目的就不是吸引所有用户，而是定向寻找"有缘人"，只有真正喜欢相应专业或者行业的人，才会来到相应的专业直播间，如果专业直播的内容质量有相当的保证，用户的忠诚度自然就比较高。可以说，专业直播用户更具有精准性，可谓"广撒网，不如独钓寒江"。正因为专业性的基本定位，专业直播不可能像泛娱乐直播一样在短时间内聚集大量的人气，只有坚持"冷水泡茶慢慢浓"的立场，才能获得用户的认同。

二、专业直播的理论依据

专业直播得以立足并发展，是市场竞争的必然结果，还有其内在的理论依据，即小众化和窄播化。只有领会了这一理论依据，才能更好地推动专业直播的发展。

美国未来学家阿尔文·托夫勒在《第三次浪潮》中指出，在当代信息社会中，无论是社会生产还是消费需求，乃至价值观念，都体现出从单一到多元、从整体到分化的发展走势，而信息领域，也从先前的"群体化传播工具时代"走向了"非群体化传播工具时代"[1]。

按照托夫勒的意思，传播者不应该将受众作为一块铁板，不应该将其视为一个无差别的整体，而是应该针对受众的不同群体和不同需求层次，分别实施相应的传播策略。这样，与大众化相对应的小众化就屡屡被人们提及。所谓小众化，是指社会阶层内部的一些人源于某种共同的兴趣、爱好或品性而聚合成一个小圈子的趋势。对于媒体而言，小众化实际上就是改变面向所有受众的做法，转而面向一部分特定受众。如果说先前大众媒体是面向全体受众的"广播化"，那么在"非群体化传播工具时代"，"窄播化"将成为必然趋势。"窄播化"是指媒体一改面向所有受众而面向部分特定受众的做法，受众群体范围虽然缩小了，但是数量比较稳定。先前大众媒体追求大而全，当下媒体应当逐步追求小而专。"小而专"相对于"大而全"而言，虽然主动放弃了相当部分市场，但是从传播效果来讲，实际上把握了受众的忠诚度，是一种更为精准、更为有效的传播[2]。

"以产权的多元化和经济运作市场化为基本内容的社会主义经济体制改革促使社会结构由'总体性'向'自主性''分群化'转变，各阶层受众对媒介的需求也日趋丰富和复杂。"[3]这句话道出了媒体市场从先前的大众化逐步转向小众化的根本原因。大众传媒的"大而全"已经满足不了现代人的多元化信息需求。随着生活水平的提高、生活节奏的加快，人们开始在各类媒体中寻找适合自己"口味"的信息，以适应当今社会的快速发展。同时，随着我国市场经济的发展，社会化分工越来越细化，媒介在强调自身宣传功能的同时，不得不面向市场，注重提升自己的服务功能。此外，大众传媒开始注重并强调自身的品牌特色与媒体个性，没有特色与个性的媒介，在竞争日益激烈的媒介市场已经很难立足。

随着网络直播的发展，其竞争也越来越激烈，而在"窄播化"理论支撑下的专业直播在某种程度上就是应对竞争的最好选择。专业直播的受众群体不会像泛娱乐直播那样广泛，但是在时间的延续中，专业直播会因为"窄播化"获得越来越多的忠诚用户。

---

[1] 阿尔文·托夫勒. 第三次浪潮[M]. 朱志火，潘琪，译. 北京：新华出版社，1996：169-180.
[2] 曾庆江. 媒体平衡论[M]. 武汉：武汉大学出版社，2014：162.
[3] 陆晔，赵民. 当代广播电视概论[M]. 上海：复旦大学出版社，2010：34.

三、专业直播的未来发展

在众多号称专业直播的平台中，存在泥沙俱下的状况，因此专业直播在未来的发展中也会面临诸多问题。结合当前情况，我们认为，专业直播在未来将呈现以下发展趋势。

1. 优质内容将成为核心竞争力

从本质上讲，专业直播的生存法则就是差异化竞争。网络直播的未来发展必然依靠付费用户的增长，而不仅仅是依靠夸张新奇的形式或者稀奇古怪的内容来吸引流量和人气。从网络直播的未来发展来看，用户付费的价值远远高于流量分成。专业直播在内容上对专业性的坚守，必然会提升用户的黏性。可以说，在以流量为主导的时代，以内容为核心仍然是不二法则。目前，专业直播还存在很多不专业的问题，在以内容为核心的指引下，这种局面将会大大好转。

2. 保持用户的参与感

网络直播的本质特性就是强大的互动性和真实感。但是专业直播在发展中，由于过于强调内容的专业性，再加上一些专业内容在互动性和体验性上相对较弱，可能会有意无意弱化直播的本质特性。用户之所以选择专业直播，是因为看重其专业内容，但是从用户自身出发，他认可的应当是直播这种媒介形式，如果仅仅是为了强化专业知识，他未必会选择直播。因此，专业直播在未来要实现良性发展，必然要改善互动性和体验性不足的短板，保持和强化用户的参与感将是其必然选择。

3. 专业直播的用户市场还将细分，私人订制将成为可能

如前文所述，窄播化是专业直播的立根之本。窄播化既是一种理念，也是一种趋势，但究竟"窄"到什么程度是没有标准的，一切都应当从用户的需求出发。从本质上讲，市场越细分，传播越有效，但实际上，市场越细分意味着直播平台的支付成本越高，用户支付的代价也越大。因此，我们一方面需要依靠专业性吸引更多的忠诚用户，另一方面需要打破流量盈利的模式，这样才能使得窄播化长久发展下去。依靠专业性吸引更多的忠诚用户，需要在专业的普及性和专业的实用性上下功夫，让用户觉得有可看、可听的可能性和必要性，真正觉得"物有所值"，愿意为相关内容买单。在未来，专业直播在内容上将越分越细，私人订制将成为可能。

第四节 带货直播

在网络直播中，带货直播备受瞩目。带货直播能够创造巨大的经济效益和社会效益，不仅吸引了不少传统媒体资深主播入驻，还打造了不少实力网红主播，甚至一些官员为了促进地方经济发展直接进入直播间，取得了双赢的传播效果，从而掀起"直播带

货"风潮。当前,一些县市更是将带货直播作为拉动地方土特产销售的重要手段。既发展了农村经济,也为商家带来了可观的收益,同时为消费者带来了便利和更多的选择,带货直播俨然成为一场全民参与的狂欢。当然,理性审视官员带货直播,不仅是个实践问题,更是一个值得思考的理论问题,这一现象为我们反思带货直播的问题提供了鲜活的视角。

一、异军突起的带货直播

所谓带货直播,是指利用具有一定人气的主播,通过相应的互联网平台,使用直播技术对商品进行近距离展示、咨询答复,从而对相关商品进行集中推介销售的新型网络销售方式。考虑到带货直播的实际效果,主播多为明星或者新晋"网红",因为他们有着超高的人气,能够吸引粉丝积极参与,从而取得让人惊叹的效果。

带货直播推动了网络电商的快速发展,以至于有人将2019年称为"直播电商元年"。李佳琦、罗永浩、辛巴、李湘等人不断为直播电商贡献完美战绩,比如李佳琦先后直播口红销售和电影票销售,都取得了骄人业绩,让社会大众以及电商领域为之侧目,直播带货由此成为时代风尚。在这一风尚的引领下,不少网络平台如京东、苏宁易购、淘宝、蘑菇街、唯品会、聚美优品、拼多多、小红书、洋码头、微信、抖音、快手、斗鱼等成为直播带货的重要平台。可以说,电商成为各大网络平台开启白热化竞争的新领地。2020年4月7日,央视主播朱广权联手网红"口红一哥"李佳琦组成"小朱配琦"组合,以"谢谢你为湖北拼单"为主题进行湖北特产带货直播,短短两个多小时,产生4000多万元的销售额峰值,令人惊叹。

在带货直播产生积极社会影响的基础上,2020年特别值得关注的是官员带货直播现象(见图2-7),它一方面将带货直播推向新的高度,从而为农产品销售创造了新的增长点;另一方面开启了"互联网+行政管理"的新篇章,极大地改变了地方政府和官员的形象,至今依然有较大影响,值得社会各方面予以关注。

2020年3月2日,安徽省宿州市砀山县县长陶广宏走进网络直播间,"砀山酥梨皮儿薄,掉到地上找不着",他一边吃,一边推荐,在整场活动中,直播间先后涌入60万名网民,当天销售2.7万单,售出将近14万斤砀山酥梨,从而为滞销的砀山酥梨销售打开新局面。2020年"五一"期间,山西临汾市举行"县级领导直播带货"活动,9天时间先后举行85场直播,带货总额超过3000万元[1]。5月12日,海口市市长丁晖联合著名主持人汪涵直播带货火山荔枝,从下午到晚上成交300万斤。5月14日,三亚市代市长包洪文走进"海南爱心扶贫网"抖音直播间,为三亚热带水果代言,开播10分钟,销售额达27万元。在新冠肺炎疫情中,湖北省很多地方农产品严重滞销成为一个非常突出的问题。这个时候,官员带货直播无疑对促进消费、稳定经济具有特别的意义。据相关报

---

[1] 张文华.临汾县级领导直播带货实现开门红[N].山西经济日报,2020-05-13(1).

道,"(2020年)4月8日以来,抖音发起'市长带你看湖北'直播等系列援鄂复苏活动,多项举措助力湖北高效复工复产,解封首月共带动13个城市热销特产368万件,销售金额达1.72亿元。仅武汉市副市长李强参与的一场抖音直播,就带动周黑鸭、良品铺子零食等累计销售1793万元;在恩施州副州长李岩主持的一场直播中,当地一家蜂蜜企业销售蜂蜜5000多瓶,相当于平时一两个月的销量"[1]。2023年初,由农业农村部办公厅和国家乡村振兴局政策法规司指导,中国农业电影电视中心和中国扶贫发展中心联合主办的三农人物推介活动在北京举行,新疆伊犁哈萨克自治州文旅局副局长贺娇龙因为成功直播带货荣获"2022年度三农人物"。成功的官员带货直播案例在媒体上比比皆是,可谓目不暇接,让人真切地感受到带货直播的巨大市场感召力。

图2-7 某官员带货直播海报

官员带货直播的成功既得益于"互联网+"的普及和发展,也与疫情的影响和催化作用密切相关。直到2023年,官员带货直播依然有着很高的关注度,充分体现其强劲性。客观来讲,官员带货直播已发展成为"直播经济"的一种重要形态,值得电商和行政管理等多方面关注。但是,社会上关于官员带货直播的评价呈现两极分化,有人盛赞带货官员走"网上群众路线",也有人质疑带货官员"不务正业"[2]。同时,官员带货

---

[1] 赵姜. 官员带货直播,该如何"写总结"[N]. 北京青年报, 2020-05-17(2).
[2] 游德福. 官员做直播带货并非不务正业[EB/OL]. 红网, 2023-01-26.

直播又不同于一般意义上的"直播经济"，尤其与当前的"网红"带货直播有着本质的区别，因此对于其本质特征、内在规律和发展方向都需要全面深入研究。直播作为一种新型传播行为，本质上应当符合传播的基本规律，在这种情况下，从传播学的视角对官员带货直播进行相应解读，有助于把握其优势，发现其短板，从而更好地优化这种直播行为，为经济发展和政务管理提供新思路。

二、带货直播的传播优势

在带货直播中，官员带货直播成为一个新鲜话题并屡获佳绩，体现出自身超强的优势。如果我们以拉斯韦尔的5W模式进行相应解读，就更能明晰官员带货直播的优势所在。

作为大众传播学研究中最广为人知的研究模式，拉斯韦尔的5W模式提出了传播行为中的五个基本问题，即谁、说了什么、通过什么渠道、对谁、取得了什么效果，从而以线性的方式揭示了传播研究中的五个核心要素，即传播主体、传播内容、传播渠道、传播客体、传播效果[1]。尽管拉斯韦尔的5W模式是针对传统媒体提出的，但是今天依然可以作为检验新媒体发展的试金石，这在某种程度上印证了经典理论的经典性。当前比较流行的官员带货直播较好地诠释了拉斯韦尔的5W模式。

1. 传播主体

从传播主体来看，官员带货直播的主体是"官员"本身。参与带货直播的官员之所以引起大众的关注，就在于他们积极主动的直播行为在一定程度上改变了大众对他们的"刻板印象"。长期以来，不少官员给大众的印象是白衣黑裤、不苟言笑、官话套话多，但是，直播间里的官员却完全不是这个形象。他们自带政府公信力，又能够活学活用各种网络流行语，为当地农产品代言，从而收获众多粉丝，获得大众认可。"干部通过网络直播方式助农促销，既是'互联网+农产品'的新尝试，也是'互联网+政务服务'的新尝试。这种做法将形成'鲶鱼效应'，带动政务创新，助力各地打造服务型政府。"[2]可以说，官员以网络主播的身份出现在大众面前，极大地改写了自身在大众心中的形象，这是他们获得大众认可的本质原因。由于官员代表的是各级政府形象，大众对官员的认可，实际上也体现了他们对政府的认可。官员带货直播正是"互联网+政务服务"的新尝试和新体验，应当得到大众的认可。当然，官员带货直播只是"政务创新"的一个微观视角，真正要实现"政务创新"还需要一个较长的过程。

带货直播的官员之所以得到大众的认可，一方面是因为官员代表政府的公信力，另

---

[1] 丹尼斯·麦奎尔，斯文·温德尔. 大众传播模式论[M]. 祝建华，武伟，译. 上海：上海译文出版社，1987：16.
[2] 傅人意. 领导干部变身带货主播，小小手机屏对接产销两端[N]. 海南日报，2020-04-24(A06).

一方面是因为和官员共同参与带货直播的明星能够激发大众兴趣。比如，海口市市长丁晖在带货直播中推销火山荔枝，著名主持人汪涵参与其中，尽管汪涵在直播中大多时间"只吃不说"，但是依然能够吸引不少粉丝前往"围观"。可以说，丁晖官员身份和汪涵明星身份的双重组合，共同促成了这场公益性带货直播的成功。

2. 传播内容

从传播内容来看，官员带货直播主要是推销地方土特产。各个地方的土特产是吸引各地民众的重要因素，比如我们在外出旅游观光时总是会给家人或者朋友带回一些富有地域特色的特产名吃等，这成为联系家人和亲朋好友的情感纽带，更是自己在各地旅游打卡的重要体现。地方土特产一方面体现了地方特色产业，另一方面承载着不同的文化传统和地域特色。官员在带货直播之前，往往做足功课，从服饰穿戴到肢体动作，从直播间的个性摆设到主播的语言风格，大多进行了精心准备和设计。比如，2020年3月27日，海南省琼中黎族苗族自治县副县长王安涛在向来自全国各地的网友推介当地百花蜂蜜、山鸡、山兰酒等农产品时，特意穿上了具有民族特色的黎族服装，让诸多网友眼前一亮，过目不忘，产生强烈的新奇感。同时，他还对琼中县农特产品的滞销情况、质量特点、市场行情以及琼中水土所具有的自然禀赋等进行了相应介绍，从而让网友真正了解到土特产的不可替代性和满足日常生活所需的实用性。此外，直播间摆满了各种各样的地方土特产，品种丰富、琳琅满目，同时在色彩搭配上也极具视觉冲击力，再加上价格合理，自然能够调动广大网友的购买欲[1]。

3. 传播渠道

从传播渠道来看，官员带货直播重在"带"和"播"字。从形式上讲，带货直播是一种即时直播行为，主播在现场极富诱惑性的语言和行为能够极大激发网民的认同感和购买欲，从而推动其在极短时间内完成下单行为。同时，主播还可以和来自世界各地的网民进行互动交流，从而打消网民对相关商品的疑虑，进一步强化自己对产品的认同。直播活动具有强烈的人际传播特点，受众从中获得极大的尊重和满足感，自然能够心甘情愿地购买商品。而"带货直播"中的"带"字，强化了传播信息和售卖行为，从而能够获得网民的认同。官员在带货直播过程中，一方面运用语言和动作营造氛围，另一方面将各种极富地域特色的产品展示出来并进行相应说明，让网民获得一种直观性视觉体验，再加上强大的政府公信力作为保障，网民自然愿意将购买行动落到实处。官员主动通过直播的方式带货，体现的是自身作为地方官员为推动地方农产品销售而"放下身段"的一种责任担当。从另外一个层面讲，政府官员在直播间的带货行为，"带"的是政府公信力，这远非普通商贩所能比拟的。

---

[1] 傅人意. 领导干部变身带货主播，小小手机屏对接产销两端[N]. 海南日报，2020-04-24(A06).

4. 传播客体

从传播客体来看，官员带货直播面对的是有担当的热心网民。这些网民以中青年为主，有着丰富的网购经历，同时有着强烈的社会担当意识，对助农扶农有强烈的认知性和主动性，从而促使官员带货直播取得较好的市场效果。具体来说，中青年网民有一定的经济保障，因此有一定的消费能力；中青年网民有丰富的网购经验，因此能够在短时间内判断出官员带货直播推销的商品具有"质优、价廉、实用"的特征；中青年网民有强烈的社会担当，因此能积极响应"助农扶贫"等活动。与一般的"网红"或者明星带货直播不同，官员带货直播多以推销农产品为主，对于很多人来说是"非计划性购买"。"非计划性购买"是指非日常生活必需品的购买，它往往在某种特殊语境的推动下得以完成，即冲动性消费。冲动性消费具有非计划性购买、存在特定情境刺激下的反应、缺乏理性的自我控制、基于自由意志而非强迫购买、受到突然而强烈的驱动力驱使、伴随强烈的情感反应、未经过深思熟虑等特征。在此基础上可以将非计划性购买理解为"消费者在受到情境刺激下，感受到突如其来的、无法抗拒的欲望，同时伴随着矛盾情绪冲突的非理性的购买行为"[1]。在官员带货直播中，售卖对象多为因各种原因滞销的季节性农产品，有着担当精神的官员的急切心理可想而知。而广大网民面对的情境是，自己不需要花费很多钱，就可以买到质优价廉的农产品，既满足了自己的需求，又能为乡村振兴、扶贫助农尽上一份心力，何乐而不为？两者可谓一拍即合，从而形成一种双赢的局面。

5. 传播效果

从传播效果来看，官员带货直播产生的交易额惊人，让人充分感受到带货直播的影响力。官员带货直播之所以成为热点话题，并不完全在于带货直播的主角是官员，也在于并没有带货直播经验的基层官员创造的可观的经济效益。互联网经济发展到今天，带货直播已经非常普遍，经过当初令人感觉新奇的阶段之后，一系列问题开始浮现。2020年3月31日，中国消费者协会在调研的基础上发布了《直播电商购物消费者满意度在线调查报告》，该报告对当前直播电商购物及消费维权领域中的诸多问题进行了解读。报告显示："消费者对虚假宣传和商品来源的担心最为突出，网友对产品宣传'吐槽'最多的是'夸大其词'，其他如'假货太多''鱼龙混杂''货不对板'等也是高频词汇。"[2]同时，消费者遭遇网购骗局之后，想进行相应的消费维权也非常艰难，这些都给带货直播的良性发展带来相应的阻碍。带货直播经过一段时间的迅猛发展之后，逐渐进入尴尬的灰色地带。而官员带货直播的出现，在某种意义上对带货直播的相应问题起到一定的纠偏作用，原因主要在于两点：其一，带货官员代表的不是个体，而是政府公信力，这让网友购买起来比较放心；其二，官员所带之货多为地方土特产，物美价廉，

---

[1] 邹颖. 网络购物环境下消费者冲动性购买后的情绪研究[D]. 南京：南京大学硕士学位论文, 2017：15.
[2] 李俊, 王茜. 警惕直播带货那些"坑"[J]. 法人, 2020(5).

销售目的带有强烈的扶农助农性质,基本不存在传统的消费骗局。正因为如此,官员带货直播才能取得广大网民的支持,取得良好效果。

三、带货直播的未来发展

我们可以官员带货直播的现象来反思带货直播的相关问题,并定位其未来发展。

官员带货直播能够产生可观的交易额,在某种程度上化解了因为物流等问题导致的农产品滞销等问题,一些比较低调的官员甚至一度成为"网红"。因为带货直播带来了社会效益和经济效益的双丰收,可以预测,在未来的一段时间内,官员带货直播现象还将成为社会关注的热点。但是,这个热点能够持续多久,是我们需要思考的问题,因为官员带货直播这一现象存在不可忽视的隐忧,具体体现在以下几个方面。

1. 传播主体

从传播主体的层面来看,官员不可能一直以个人身份带货直播。官员的本职工作是根据法律和上级组织赋予的权力和地位实施有效的行政管理,带货直播在某种程度上只是一种策略。如果主次颠倒,有"不务正业"之嫌。同时,从传播的角度来看,再有名气的"网红"也都有"过气"的时候,这些在短时间内获得大众赞誉的带货官员,不可能每次带货直播都能取得成功,或者说,并不是所有的农产品都适合用官员带货直播的方式来销售。官员带货直播,不能为了直播而直播,否则发展下去,带货直播可能会变成官员的"秀场",从而助长形式主义的工作作风。"干部走进直播间之前应'三思而后行',一思是否真的需要、适合搞直播,如果只是搞噱头、博眼球,不仅对当地发展无益,还有形式主义之嫌;二思品质是否真的硬核,能否适应市场需求和满足群众需要;三思推销得不得当,是不是把握好了公益直播代言和给企业站台做广告的界限。适度营销品质优良的土特产能构建产品销售的新模式、新渠道,还能达到产品销量增长与政府公信力提升的良性循环。反之,再'秀'的直播,再'火'的网红,也摆脱不了'过气'的宿命,影响产品销售,损害政府公信力。"[1]这段话无疑是给官员带货直播注入的一支清醒剂。

2. 传播内容

从传播内容的层面来看,并不是所有农产品都适合进行带货直播。带货直播一方面是互联网经济的重要体现,另一方面是疫情之下不得已的非常规手段,"随着疫情趋于稳定,'复商'成为主旋律,直播卖货不应当成为企业销售的常态化方式,企业要想有更好的发展,弱化销售力度,强化营销是必由之路。"[2]出现农产品滞销现象的原因非

---

[1] 章飞钹. 县长直播带货热的冷思考[N]. 中国组织人事报, 2020-05-19(2).
[2] 任慧媛. 为什么说"直播带货"的未来堪忧?[J]. 中外管理, 2020(5).

常复杂，只不过疫情将这一问题放大了而已。既然农产品滞销原因非常复杂，我们也不能指望通过带货直播这个途径解决根本问题，权宜之计不能代替根本手段。我们应当通过一些制度保证和创新手段来推动农产品的产销问题，否则问题始终是问题，只要一个环节脱节，问题就会浮出水面。在官员直播带货取得显著成效的同时，我们不应沾沾自喜，而是应当清醒地思考破解农产品滞销的根本之策，只有标本兼治才是长久之道。此外，各地农产品多种多样，并不是每种农产品都适合走进直播间进行带货直播。研究表明，在直播间大受欢迎的往往是价格低廉、实用性强的小物件，而大宗农产品并不适合采用直播的方式销售。"官员直播带货是一种个性化、短时间的行为，只能够刺激某几个品牌的发展"[1]，如果将其泛化，就不合适了。

3. 传播渠道

从传播渠道的层面来看，带货直播并非官员的特长。官员的主体身份是行政管理人员，他们走入直播间带货销售，或者是为了迎合时代风潮，或者是因为农产品滞销不得已而为之的"角色客串"，并非专业体现。参与带货直播的官员，既对网络传播心理缺少深入研究，又对推销的商品特性缺乏本质性了解，因此在带货直播中，只能有意无意模仿既有的网络用语来迎合网民，以达到与网民互动的目的，而对商品的了解大多局限于照着"说明书"进行科普性宣读，并不能真正把握相关产品不可替代的特点，其效果可想而知(网上也有关于某些官员在带货直播中手忙脚乱甚至方寸大乱的报道)。他们进行带货直播之所以能够奏效，主要还是因为他们的特殊身份让网民有一种新奇感，一旦这种新奇感消失，官员的短板显现，直播间难免各种窘况频出，官员带货直播可能不再被网民认可，难以取得良好效果。

4. 传播客体

从传播客体的层面来看，网民的随意性也值得关注。当前官员带货直播吸引了不少中青年网民的高度关注，这是它成功的重要保障。但是从传播的角度来看，网民有自己的偏好，因此对网民进行细分是有必要的。当前流行的后台抓取数据的各种算法之所以得到业界的推崇，就在于它立足于网民各种偏好基础上的细分化。官员带货直播往往过于追求流量和销售额，有的会采用一些推销策略，以达到吸引网民的目的，但效果并不尽如人意。据相关媒体披露："某些基层官员似乎并不真正关心本地的好东西卖不卖得出去，而是更加关心自己的面子能不能过得去，以及将来可资吹嘘的直播带货业绩是否足够亮眼。因此官员直播带货在某些地方完全变了味，成了出风头、讲排场、赤裸裸秀下限的新型形式主义、官僚主义。"[2]这种为了直播而直播的做法有悖于官员带货直播的初衷，没有考虑网络的基本规律和网民的基本心理，只能使自己陷入困境。官

---

[1] 赵丽.官员直播带货谨防"作秀"[J].法治日报，2020-05-22(8).
[2] 舒圣祥.官员直播带货，"秀"的不该是下限[J].检察日报，2020-05-20(5).

员要想做好带货直播,一定要有明确的定位,即明确相关商品的售卖对象,只有确保他们的购买行为不是一时的冲动消费,而是有着稳定的需求,才能让官员推荐的农产品成为长销产品,才能真正意义上成就经济增长点,才能确保农民通过农产品销售实现增产增收。

5. 传播效果

从传播效果的层面来看,关注人流量和销售额是远远不够的。如果注意力停留在这两个指标上,就注定了官员带货直播只能是短期的作秀行为,对于产品销售根本不会产生本质上的推动作用,甚至会因为伤害消费者而导致恶性循环。在当前的官员带货直播活动中,交易数额庞大固然让人心潮澎湃,但是我们更需要保持清醒的头脑,看到数字背后的东西。比如,低价销售问题。有的官员在带货直播过程中故意将商品价格报错,让一些网友认为自己占了便宜而赶紧下单。例如,新疆某市官员在带货葡萄干时,"故意"将59元2斤弄错成39元3斤,结果20万订单瞬间被秒光。这种"赔本赚吆喝"追逐流量和交易额的做法,是否真的有利于农产品销售是值得考量的。又如,不少官员带货直播时,在低价销售的同时,往往还打悲情牌、乡情牌等,这种做法短期内可能会取得成效,但时间长了,网民越来越理性,这种做法不仅没有效果,还会招致网民反感。更有甚者,"有的地方专门发文摊派,要求党员干部必须观看,还规定了'最低消费额';有的地方'赔本赚吆喝',低于成本价促销,要的只是流量、销量好看;有的地方搞'二次签约''虚假下单',把已完成的交易在直播时再演练一遍,或下单之后再退单;有的地方花钱组织大量水军,在官员直播带货时高唱个人赞歌,齐呼'领导好帅',营造'刷屏'氛围……"[1]。这种人为造假,只是个别官员追求政绩的政治作秀,最终会降低相关产品的声誉和政府的公信力,其恶劣影响非同小可。

官员带货直播在一段时间内赢得了社会效益,也获取了经济效益,成为大众关注的热点,这是值得肯定的。在今后一段时间内,它可能还是扩大内需、稳定消费不可或缺的一种策略。官员带货直播是一个互联网经济问题,但从信息传递和接收的角度来看,它又是一个重要的传播学话题。厘清拉斯韦尔的5W模式中所关涉的五个要素,有助于理解传播理论,进而推动带货直播良性发展。因为各种各样的原因,官员带货直播不可能成为互联网经济的常态,但把握其本质内核,官员在适当的时候发挥其影响力,可以为互联网时代的常规销售提供必要的补充。

---

[1] 舒圣祥. 官员直播带货,"秀"的不该是下限[J]. 检察日报,2020-05-20(5).

第三章　网络直播的艺术属性

网络直播已经成为互联网时代的一大亮点，它拥有超高的人气和超大的流量，产生了极为可观的社会效益和经济效益。作为互联网时代的视听呈现，网络直播有着不可忽视的艺术属性。把握网络直播的艺术属性，有助于提升其质量水准，保证其传播效果，从而形成长效机制。

在讨论网络直播的艺术属性时，我们需要明确艺术和网络直播的关系。一方面，艺术是网络直播的重要对象，缺少了艺术内容的网络直播是不完整的；另一方面网络直播作为一种传播行为、视听呈现，本身就需要追求一定的艺术性，只有把握艺术性，才能最终保证其传播效果，使其获得长久的生命力。

第一节　当艺术遇见网络直播

自从人类进入网络时代，艺术便搭上了网络这辆快车，产生了新的呈现平台，并获得了更为广泛的受众群体。同时，随着艺术在网络直播中频频出现，直播内容也越来越丰富多样。

一、艺术的网络呈现

从古至今，公认的人类艺术包括文学、绘画、音乐、舞蹈、雕塑、戏剧、建筑、电影八大类别。对于任何艺术而言，接受主体都需要通过感官去感受艺术传达的信息，进而引发相应的审美经验。根据接受主体的审美感受、知觉方式等，可将艺术分为语言艺术(文学)、造型艺术(雕塑、绘画、建筑)、表演艺术(音乐、舞蹈)、综合艺术(戏剧、电影)四大类别。不同的艺术类型在审美上具有不同的特点。

在传统时代，人们通过和艺术对象当面或者近距离接触来进行感知、感受和审美，具有相当的"即时即地性"[1]色彩，这使得艺术审美在很大程度上属于相当"奢侈"的行为。进入"机械工业复制时代"后，各种艺术品通过技术手段得以复制进而普及，尽管削弱乃至消解了艺术的神圣性，但艺术品从此成为大众可以接触的对象。随着科学技术的迅猛发展，计算机和网络技术不再是单纯的制作工具，更是成为各种艺术作品储存、传播、展示的重要载体和平台。进入网络时代后，艺术的呈现与传播更是表现出新

---

[1] 瓦尔特·本雅明.摄影小史 机械复制时代的艺术作品[M].王才勇，译.南京：江苏人民出版社，2006：51.

的姿态和特点。

1. 网络为人们在艺术上的远距离交流和传播提供了自由和便利

传统艺术审美具有"即时即地性"的特点，网络的巨大容量为艺术内容的呈现和传播提供了机会，我们可以随时随地完成艺术审美，不再受到时间和空间的限制。网络进一步实现了"人的延伸"，释放了人们艺术审美的自由，促进了艺术的进一步推广，从而实现了审美的大众化。

2. 网络为各种艺术作品的全景展示提供了新的平台

网络能够对各种艺术作品进行多面呈现，甚至能在一定程度上弥补个人的"盲点"(比如观察视角、光线等客观限制，或者因自身主观原因对作品的审视存在局限性)，大众能够更好地欣赏相应的作品。同时，网络信息具有海量性，大众进行艺术审美时可以随时随地参考各种资料信息，审美更加深入，有助于提升审美水平和艺术素养。

3. 网络催生了新的艺术样式

一方面，一些传统艺术在网络介入之后，形成了新的艺术样式和新的艺术内涵，呈现出艺术的网络化趋势；另一方面，出现了一些网络原生态艺术，从而进一步丰富了艺术形式。比如，近些年，网络动画成为动画领域新宠，其制作成本低，效果呈现好，备受青少年的喜爱。同时，网络作为一个"公共领域"，价值更加多元化，从而进一步激发艺术创作者的创作活力，以时尚性、消费性为特征的网络文艺如雨后春笋般涌现，尽管良莠不齐，但是给大众带来了新的艺术体验是不争的事实。

总体而言，网络给予艺术一个更新的舞台，艺术借助网络变得更加绚烂多彩。然而，由于网络环境相对宽松，导致一些标榜为艺术的庸俗、恶俗、媚俗的东西呈现出来，给社会带来不利的影响。网络，可能促使艺术获得多元化发展，也可能导致艺术中混入不良因素，但是只要人的主体性存在，网络依然会引导着艺术的积极发展。

二、艺术与直播时代

2020年，突如其来的新冠疫情在很大程度上推动了在线直播的火爆。许多沉寂已久的艺术家也紧跟时代步伐进入了直播间，各种艺术直播平台纷纷涌现，艺术与直播实现了全面对接，人类真正进入直播时代，促使艺术传播进入新的历史时期。

2020年4月19日，全世界人民共同见证了历史——"同一个世界：团结在家"(One World：Together at Home)线上演唱会全球同步直播，郎朗等诸多国际巨星为观众带来一场视听盛宴(见图3-1)，让人们着实体验了一把互联网版"天涯共此时"。这场线上演唱会在超过十家平台同步播出，募集了超过1亿美元的善款。虽然没有华丽的舞台和震撼的音效,也没有观众的欢呼和热烈的气氛,但毋庸置疑,这场盛大的直播为寂寞的灵魂注入了一剂抚慰心灵的清流[1]。

图3-1　One World：Together at Home演出嘉宾截图

在疫情横行时,我国著名画家陈丹青也参与了多场直播。比如,2020年5月16日,在闭馆长达百日之后,位于浙江乌镇的木心美术馆恢复开放,陈丹青在抖音直播导览,对馆藏品逐一介绍,引来不少网友点赞评论。5月19日,陈丹青出现在山西博物院直播现场,和网友们分享他对北朝墓葬壁画的看法,吸引了近6万名网友观看。8月8日,陈丹青和画家杨飞云联合主持一场名为"徐岩的北京"的画展,并在"看理想""在艺云""艺典中国"同步直播。像这样的艺术直播活动还有很多,吸引着艺术爱好者前往围观和参与,一些原本对艺术不太了解的人也逐步成为艺术直播的拥趸。

然而,艺术与直播的结合并非只是因为疫情。事实上,艺术直播已经不是新生事物。早在2017年,一些艺术网站就开始对相关艺术展览开幕式、研讨会以及重要学术会议进行直播。同时,一些艺术理论教师和批评家也借助网络直播来传播自己的教学和研究成果。2018年,国内相关策展人对威尼斯双年展、卡塞尔双年展等大型国际艺术展进行了网络现场直播,很多艺术爱好者不出家门就能感受国际艺术展的魅力。还有一些传统民乐从业者受到演出机会骤减等因素影响,也开始通过网络直播寻找新的发展空间。

---

[1] 艺术直播,到底是创新变革还是无奈之举？[EB/OL]. https://www.sohu.com/a/412866686_120763712?_trans_=000012_uc_kz_ty.

无论是传统民乐匠人,还是传统戏剧演员,都在直播的助力下让众多传统文化穿越时空进入大众视野,从而获得了更多人的关注。2022年4月15日,著名摇滚乐歌手崔健在线上举行全球演唱会(见图3-2),超过4000万人次观看,点赞量超过1.2亿。2022年9月3日,刘德华在抖音举办一场主题为"把我唱给你听"的线上音乐会,最终观看人次超过3.5亿。这些线上战果令人叹为观止。2022年11月8日,抖音直播举办开放日活动,发布了《2022抖音演艺直播数据报告》,报告显示,过去一年,包括戏曲、乐器、舞蹈、话剧等艺术门类在内的演艺类直播在抖音开播超过3200万场,场均观众超过3900人次。

图3-2 崔健线上音乐演唱会

艺术直播在特殊时期蔚然成风,甚至在一定程度上取代了传统的艺术教育、艺术展览、艺术经营等方式,一方面维持着艺术领域的正常运转,另一方面实现了艺术形态的突围,即从线下向线上转移,从实体向虚拟转移,从现实中的对视向隔屏而视转移。在今后,艺术直播还将得到快速发展。

三、艺术面临的挑战

传统的艺术传播在遇到网络之后，其传播速度和传播效果都发生了极大的变化。尤其让人感叹的是，各种各样的直播平台使得曾经高端、冷门的艺术不再高高在上，而是以一种日常化、生活化的姿态被大众"围观"乃至参与。同时，当前不少直播平台的技术门槛极低，对于正常人来说已经基本实现了无障碍操作。直播平台像一座"不设防的城市"一样任人进出，在短时间内催生了大量的直播间和网络主播，并对其他人形成一定的示范作用。可以说，艺术直播在某种程度上降低了艺术门槛，"人人都是艺术家"越来越成为可能。这在一定程度上推动了艺术的发展。同时，直播带货也涉及艺术的诸多方面，从而推动艺术进一步走向市场。

对于艺术的网络直播，我们应当辩证看待。

一方面，网络直播在推动艺术的大众化方面发挥着重要作用。长期以来，艺术以一种高不可攀或相对奢侈的形象呈现在大众面前。艺术直播的低成本、低技术含量保障了大众的可参与度，使其成为全民皆可参与的行为艺术。网络直播大幅度提升了艺术的传播效率、传播广度以及传播效果，具有相当的亲民性。艺术只有植根于大众，才能获得长久的生命力。

另一方面，低门槛、无限制必然会使得艺术直播在短时间内迅猛增长，也会直接导致良莠不齐的现象出现。随着艺术直播的快速发展，艺术领域中充斥着大量不具有或较少具有知识性或艺术性的内容，大大消解了大众对艺术的敬畏感，甚至对大众形成一定的误导。同时，网络的海量信息会造成选择的随机性、偶然性和不确定性，艺术传播将呈现明显的碎片感。这从本质上影响了艺术的独立存在，长此以往，对艺术本身的发展是极为不利的。

艺术直播彰显的问题也不容忽视，但是它不足以成为否定艺术直播的根本理由。后续我们需要根据直播发展的特点对艺术直播进一步调整规范，以促使其健康良性发展。我们需要正视的是艺术在网络时代应当如何发展的问题，或者说应当如何去化解艺术在网络直播时代面临的挑战。

近几年，艺术直播得到较快发展，彰显出艺术所面临的挑战。一方面，艺术如何突破长期以来高冷的小众化局面，从而获得更广泛的生命力是其生存面临的重要问题；另一方面，当前流行文化、大众文化发展极为迅猛，尤其是以大众媒体为基础的大众文化更是引领着时代潮流，给传统艺术的生存带来极大的冲击。艺术如何更好地融入大众媒体时代，却又不丧失其本质特征，是需要我们重点考虑的问题。

第二节 网络直播的内容艺术

对于网络直播来说，选对内容是成功的关键因素，也就是"内容为核心"。但是，网络直播涉及的门类很多,同时门类之间的竞争也非常激烈,想要一夜之间吸引大量用户越来越不现实,因此对内容的选取和定位也是一门艺术。

一、网络直播的内容偏好

在全民直播时代,直播内容的丰富让人们目不暇接。但是在实际直播工作中,受制于其自身特点,网络直播体现出明显的内容偏好。

任何传播都有偏向性。传播学者伊尼斯在其著作《传播的偏向》一书中如此表述:"传播媒介对知识在时间和空间中的传播产生重要影响……某种媒介可能更加适合知识在时间上的纵向传播,而不是适合只是在空间中的横向传播……它也可能更加适合知识在空间中的横向传播,而不是适合知识在时间上的纵向传播……所谓媒介或倚重时间或倚重空间,其含义是:对于它所在的文化,它的重要性有这样或那样的偏向。"[1]

伊尼斯的观点无疑是深刻的。他在深入把握媒介性质的基础上,提出了时间偏倚和空间偏倚的重要概念,对大众传播结构产生了本质性影响。在时间偏倚和空间偏倚相关理论的基础上,伊尼斯还认为,人类传播媒介演进史是由"时间偏倚"不断向"空间偏倚"发展的历史,体现了人类文明的进步。不过,伊尼斯提出的"传播的偏向"毕竟是媒介技术论下的产物,缺少对媒体内容的实际分析,对我们在这里讨论网络直播实践并没有本质性的借鉴意义。但是,我们可以循着伊尼斯的思路进一步思考,传播的偏向实质上折射出任何媒介在传播内容的选取上都有自身的特点和偏好,网络直播也是如此。

网络直播最终瞄准的是用户,因此不同类型的直播,在内容上必然有所偏好,这样才能满足用户的需求。

在各种生活类直播中,网络主播对自己的日常生活进行直播,内容涉及逛街、户外活动、吃饭及穿衣等。在韩国,最受欢迎的生活直播当属直播吃饭。由于韩国独居的人越来越多,直播吃饭深受他们的喜爱。当然,只是会吃不足以成就一个好的主播,也不能打造一个很好的直播间。我国饮食文化渊源深厚,而且有"食不厌精,脍不厌细"的传统,因此在内容定位时可强化"精美+营养",这样不仅能够满足很多人健康饮食的理念,还能够给人们带来视觉上的享受。那种暴饮暴食式的直播虽然能产生一定的"惊奇"效应,但是内容上缺少审美性,注定是无法持续发展的。

电商类直播对大众日常生活影响最大,也最能得到用户的喜好。但是,这并不意味着任何物品都能进入直播间。根据直播行业调查,在用户的购物类型偏好中,衣物类占有最大比重,而食物类所占比重相对较小(见图3-3)。衣物类直播之所以呈现这种偏好,与直播的本质特点有关。主播在直播间介绍衣物的品质和价格的同时,可当场试穿展

---

[1] 哈罗德·伊尼斯. 传播的偏向[M]. 何道宽, 译. 北京: 中国人民大学出版社, 2003: 27.

示，这样可以刺激用户的购买欲望，满足用户"物美价廉"的心理诉求。而食物类直播之所以在直播平台上所占比重相对较小，主要是因为近些年被大众媒体屡屡曝光的食品安全问题对大众产生了很大影响，人们更习惯于现场选择各种食物以求安心，而直播在这方面的呈现有着明显的短板。

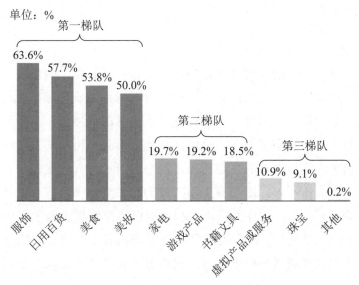

图3-3　直播电商平台用户购物品类偏好[1]

二、网络直播的内容定位

不同的直播平台和不同的直播间在直播内容上应当体现出相应的偏好，同时在内容定位上也应当有明确的指向性。从本质上讲，我们需要根据相应的直播内容来锁定相应的直播用户。只有内容定位精准，才能得到用户的认可，从而增强用户黏性。

对于网络直播来说，内容定位就是根据用户的特殊需求，对内容进行相应的取舍，从而使网络直播具有明确的指向性，能够更好满足用户的需求。因此，任何一个直播间，在开设之初都应当明确自身目的、用户对象以及传播内容，也就是通过预设目标用户来完成内容定位，否则难以取得良好效果。

对于一档网络直播节目来说，要完成内容定位，一般涉及主播和用户两个方面。

1. 主播

对于主播来说，应当选择自己熟悉的、喜欢的内容予以展示，切忌跟风。只有将自己熟悉的变成自己喜欢的，才能够在直播时做到游刃有余。正因为喜欢，主播才能在直播不顺利的时候通过自己的爱好消解一部分因为挫折而产生的消极情绪；也正因为喜

---

[1] 微博易，易号链接，蝉妈妈，零售商业评论.2023年中国直播电商机会洞察报告，2022-11.

欢，主播才能投入更多的时间和热情，让自己真正成为某方面的专家。如果盲目迎合用户、迎合社会热点或者跟风摇摆，最终只能让自己陷入被动局面。当然，主播也不能仅凭"一厢情愿"式的喜欢或者坚守来做直播，面对用户的需求，还是应当根据实际情况对内容定位进行适当调整。优质的直播间往往是主播和用户之间在经过一段时间的磨合之后合力打造出来的。

2. 用户

对于用户来说，应当选择适合自己的直播平台。从心理学的角度来看，用户对相关平台的关注往往要经历"无意注意—比较注意—特别注意"这样的过程。最初用户闯入某直播间，即便不是"闲逛"，也往往带有极强的偶然性，属于无意注意。如果用户对直播间的相关内容不感兴趣，很可能从此以后就不再与其发生联系；如果用户发现直播间的相关内容与自己的兴趣相投，用户就可能进入"比较注意"的状态。但仅仅停留在这个层面还不够，因为不少用户成为相关直播平台或者主播的粉丝之后，也可能成为"僵尸粉"[1]。只有主播风格和主播内容能够极大地吸引用户，用户才能成为"特别注意"的铁粉[2]。用户也是影响直播间内容定位的主要因素之一，用户可以通过不同方式向主播或者平台表达自己对内容方面的特殊需求，有可能被主播或者平台接纳。

网络直播平台在发挥平台和主播自身优势的同时，不仅要深切把握用户的心理诉求，还要进行相应内容的调整和规范，完成内容定位。比如，近些年来一些平台推出的少儿编程课之所以广受欢迎，得益于平台和用户互动之后在内容设定上不断调整和完善，可谓内容定位的典范。在很多人看来，编程属于比较冷门且专业的内容，但是网络平台推出的少儿编程教育并不是提前将少年儿童培养成专业人士，而是旨在通过编程游戏启蒙、可视化图形编程等课程，来培养孩子的计算思维和创新解难能力，因此受到诸多家长和少年儿童的欢迎。

当前，大多数直播平台或者直播间都有自己明确的定位，那就是只做自己擅长的内容，一些网红主播也因此成为某些特定内容的形象代言人。可见，只有找准自身的定位，网络直播才能更好地发展。

三、网络直播的内容管理

网络直播在保证人气和流量的基础上，应通过相应的内容来留住忠诚用户，因此，"以内容为核心"仍然是网络直播良性发展的根本原则。

---

[1] 僵尸粉，网络用语中指微博上出现的虚假粉丝，指花钱买"关注"带来的有名无实的微博粉丝，它们通常是由系统自动产生的恶意注册用户。
[2] 铁粉，铁杆粉丝的简称。不管偶像是什么状态，这类粉丝都会一如既往地支持偶像，并且愿意为了偶像付出自己的能力。

在现实中，"用户至上""以内容为核心"是做好网络直播的重要前提，但是两者在现实操作中很难达成平衡。从内容艺术的角度来看，我们需要平衡用户需求和内容展示之间的关系，因此加强直播的内容管理是非常有必要的。

1. 网络直播的内容必须在法律法规的框架内

针对互联网服务，除了相关的国家法律条文外，国家相关职能部门和地方政府部门还制定了相应的管理规定对其予以引导和规范，这些都是网络直播必须遵守的。网络直播仍然处于快速增长期，但是相关的法律法规并不健全，而且体现出明显的滞后性，网络直播呈现混乱无序的状态。尽管法律没有明确禁止，但是这并不意味着网络直播平台可以在法律法规之外"为所欲为"。比如，要避免纯粹以感官刺激为主的"三俗"内容，要避免诱导青少年上瘾等。网络直播应当敬畏法律法规，将法律法规作为自我约束的法则，进而上升到自觉自愿行动，这样才能保证网络直播内容的纯净。

2. 网络直播的内容不能一味迎合用户需求

主播是网络直播的关键主体，是内容的创作者和传播者，因此应当自觉充当正能量的代言人，将"净网行动"落到实处。网络直播应当从"颜值直播"向"价值直播"转型。网络直播面对的用户群体很多都是青少年，其世界观和价值观还在形成中，网络主播和网络平台更应当做好相应的价值引导，切不可采用"收割韭菜"的方式，有意识迎合用户，从而放弃了应有的社会责任。国家互联网信息办公室颁布的《互联网直播服务管理规定》明确规定："提供互联网直播服务，应当遵守法律法规，坚持正确导向，大力弘扬社会主义核心价值观，培育积极健康、向上向善的网络文化，维护良好网络生态，维护国家利益和公共利益，为广大网民特别是青少年成长营造风清气正的网络空间。"

3. 网络直播的内容应当实行分级分类管理

内容管理是一门艺术。由于网络直播平台众多，涉及的用户非常复杂，采用统一标准的方式并不合理，而分级分类是一种比较理想的选择。《互联网直播服务管理规定》指出："互联网直播服务提供者应当建立直播内容审核平台，根据互联网直播的内容类别、用户规模等实施分级分类管理，对图文、视频、音频等直播内容加注或播报平台标识信息，对互联网新闻信息直播及其互动内容实施先审后发管理。"如何对直播内容进行分级分类管理，目前还没有统一的标准，需要直播平台根据实际情况灵活处理。同时，社会环境和用户情况也不断发生变化，分级分类不可能一蹴而就，更不可能一劳永逸，而是一个不断动态调整的过程。

第三节　网络直播的形式艺术

网络直播之所以能够在短时间内吸引广大用户，主要源于其形式新颖、灵活，在此基础上用户才会各取所需选择相应的内容，尤其是在"浅阅读"和"快餐文化"盛行的今天，形式的精美性和灵活性是决定内容能够得到认可的重要前提。因此，注重网络直播的形式艺术，有助于推动网络直播的长远发展。

一、直播形式的新趋势

从传统直播走向网络直播，直播一直以丰富多样的形式吸引着用户。传统直播分为现场直播和演播室直播两种基本形式，丰富着大众对直播的认知。进入网络直播时代后，直播形式更是在相关技术和理念的支持下不断推陈出新，为直播效果增色不少。总体来看，网络直播形式在近些年呈现以下发展趋势。

1. 从定点直播到移动直播

从定点直播到移动直播，一方面彰显了网络直播的投入成本在不断增加。相比而言，在直播间进行定点直播比移动的场景直播成本要低很多(有的甚至是"裸房式"直播)。毕竟，在网络直播的最初发展期，谁也无法预测其经济效益。随着网络直播的快速发展，各种资本纷纷进入，网络直播获得更多的发展机遇，从而促进移动直播的快速发展。另一方面也体现了传播观念的变化，不断变化的场景会给直播用户带来更多的惊喜，增强直播效果。这也是移动直播发展的内在动力。

2. 从解说型直播走向互动型、体验型直播

这种变化是传播观念变化的体现。最开始的网络直播由于急切地想得到用户的认同，多以解说型为主，但是这种"以传播者为中心"的传播形式并没有取得很好的传播效果。互联网的迅猛发展和网络用户的快速增长对直播行业提出了更高的要求。互动型直播更多考虑用户的使用体验，注重双方的沟通，从而提升传播效果。随着技术的发展，互动型直播的互动形式也将越来越多样化。同时，网络直播在形式上越来越注重用户体验，从而牢牢抓住用户。

3. 从网红、明星直播走向素人直播

明星大多是传统媒体下的产物，而网红是网络时代造就的新式名人，他们都在社会上有着较大的影响力和卓越的人物形象，对大众有着较强的引导性和示范性，由他们担任直播的主播，自然会带来较高的人气。随着网络直播的快速发展，很多没有主播经验的普通人也纷纷加入直播领域，从而成为素人主播，素人直播丰富了网络直播风格。同时，随着诸多网络平台的发展，不少素人主播也纷纷晋级成为新一批网红，不仅壮大了

直播队伍,也丰富了直播的内容。

4. 从二维呈现走向立体呈现

随着近些年电子技术的迅猛发展,一些大型直播活动变成了技术和设备比拼的舞台,这对网络直播的发展形成了相当大的助推力。目前大多数网络直播还只是采用一般摄像头进行二维呈现,但是走向三维立体呈现将是网络直播未来发展的必然趋势,比如VR技术(见图3-4)就是一个新亮点,将给用户营造一种身临其境的感受。VR(virtual reality)即虚拟现实,"它是一种可以创建和体验虚拟世界的计算机仿真系统,是一种多源信息融合的交互式的三维动态视景和实体行为的系统。它利用计算机生成一种模拟环境,是一种更为前沿的体验新技术"[1]。VR技术将开启网络直播的新篇章。

图3-4　全景相机将推动VR直播的发展

二、让直播形式更理性

网络直播的形式最终是为内容服务的,因此需要确保形式的合情合理,体现其形式和内容的统一。如果网络直播过于注重形式而忽视内容,可能会因为追求新鲜性而出现本末倒置的效果;反之,如果网络直播过于注重内容而忽视形式,可能会将很多真正的用户拒之门外。因此,让形式更理性,是强化直播形式艺术的前提。

如何让直播形式更理性?在具体操作中,应遵循以下几项原则。

1. 应当坚持形式为内容服务的基本原则

如果形式不能和内容对接起来,即使在短时间内获取大量人气,也难以维持长久。因此,只在形式上下功夫,不在内容上深耕,即便形式灵活多样,也只能注定是昙花一现。形式理性的前提是用户越来越理性。随着国民网络素养的全面提升以及网络直播竞争的日趋激烈,用户对网络直播的理解越来越深刻,对直播平台的使用也越来越理性,

---

[1] 魏艳. 零基础学短视频直播营销与运营[M]. 北京:化学工业出版社,2020:145.

这就要求直播平台必然要在内容优先的基础上追求形式创新。当下，不少课程类直播平台为了吸引青少年，策划了不少游戏以及送金币等刺激环节，而且各种互动游戏环节越来越多，这样做的确能够让自控能力相对有限的青少年大呼过瘾，但是这对于课程类直播的长期发展并无好处，因为课程类直播虽然面向青少年，但家长才是影响这类直播效果的决定性因素。他们不可能容忍课程类直播变成电子游戏场，而且这也违背了基本的内容定位和直播初衷。

2. 应当坚持形式内外有别的基本原则

根据直播的场所来看，当前直播可以分为定点直播和移动直播两种基本类型。定点直播主要在室内进行，移动直播更多是在户外进行，并和相关场景结合起来。这两种直播类型对直播的技术形式和呈现形式有着不同的要求。如果不能用变量思维来对待不同的直播，不考虑用户的实际情况，很难取得较好的直播效果。坚持直播形式的内外有别，就是要结合直播内容、直播定位以及用户的基本特点对形式呈现进行精心选择和设计，这样才能真正做到将形式融入内容之中。

3. 应当坚持基于自我特色的长线发展原则

网络直播的形式虽然多种多样，但并不是每一种都适合所有人。每一档成功的网络直播，无论在内容上还是在形式上都有可圈可点的地方。我们要想真正在直播领域中赢得大众的认可和支持，一定要强化和坚持自我特色，切不可一味跟随潮流，追逐新技术和新形式，更不可直接复制别人的成功经验，而是应当取其优点，选择最适合自己的直播形式。只有如此，才能保证直播的长久发展。

三、让直播形式更艺术

从艺术的角度来审视网络直播，直播在形式和内容上都应当体现出相当的艺术水准。

直播形式虽然多种多样，但都要为直播效果服务，艺术感正是对直播效果的评价标准。定义卓越出众的尺度，永远是审美。从审美的角度来审视网络直播的形式，会为其增加更多的艺术含量。网络直播追求形式的多样性，实际上是为了保证直播的效果和直播的艺术含量。

在直播初兴时期，直播的即时性是吸引广大用户的一个重要因素，直播行为在大众日常生活中随处可见。简单的直播只需一位主播用摄像头就能完成，其他方面似乎并没有那么讲究，门槛很低，似乎人人皆可参与，这在一定程度上使得不少人轻看了直播形式的艺术成分。随着竞争的加剧以及直播内容更加丰富，越来越多的直播节目采用户外移动直播的方式。但是，移动直播并不只是让摄像机简单地跟随主播展现相关内容，而是需要充分考虑到直播形式和场景的高度融合，以嵌入式和体验式开启直播新天地。

为了实现这种高度融合，需要采用诸多艺术技巧。尽管众多的网络直播节目各有其生存之道，但是真正能够吸引广大用户、叫好又叫座的直播还是屈指可数。这说明将形式的艺术感和内容的充实感融合在一起并不是一个简单的叠加问题，更是一个深层次的审美问题。

如何让直播形式更具有艺术感？对此尽管每个人的看法不尽一致，对艺术感的评判标准也不尽一致，但有一点是明确的，即形式应为内容服务。广大用户在观看直播时，不会对形式的技巧产生"违和感"，才能成就直播的艺术感。

第四节 网络直播的效果艺术

对于网络直播这个新生事物来说，保证直播效果是其生存之道。在实际操作中，影响直播效果的因素很多，因此效果艺术具有相当丰富的内涵。

一、直播效果的基本原则

效果是指在给定的条件下由相关动因促成或者行为实施而产生的系统性的或者单一性的结果。从向善的角度出发，不管是何种动因或者行为，人们都希望有一个好的效果。因此，尽管从词源学的角度来看，"效果"是一个中性词，其最终呈现可能是好的，也可能是不好的，可能是积极的，也可能是消极的，但是在现实生活中，效果是一个趋向于正面、积极的词语。对于网络直播行为来说，平台总是希望能够通过各方面的合力，保证直播产生良好的效果。

直播效果的基本原则就是社会效益和经济效益的统一。只注重社会效益，不重视经济效益，只能让网络直播停滞不前；同样，只注重经济效益，忽视社会效益，也不能让网络直播行高走远。同时，对于网络直播来说，不能停留在既有社会效益和经济效益层面上，更应当体现两者的均衡式发展。

从本质上讲，向大众传播正能量，做好正确的价值引导是网络直播需要恪守的基本原则，也是保证网络直播节目社会效益的重要前提。网络直播的社会效益主要包括传达正确的价值观、传播社会正能量、维护社会公信力、维护社会公共利益、推动社会和谐稳定等。由于网络直播具有相当的观赏性，它适应人群特别广，老少皆宜，比起微博、微信更具有传播优势，如果在导向上出现了偏差，或者在传播内容上选取不当，都会带来严重的后果。

网络直播的社会效益虽然不能量化，但是人们在日常生活中的合法权益，不能因为受到相关网络直播节目影响而遭受直接或者间接损失。当前，除了少数网络直播平台因为导向或者教唆导致部分人在现实生活中遭遇经济损失外，网络直播节目还会对人们的生理和心理方面产生一定的负面影响。有些直播节目片面追求社会影响，不断挑战大众底线，出现了严重的庸俗、恶俗和媚俗倾向，集中迎合小部分人群的低级趣味，放大人性的弱点和阴暗面，产生极为不良的社会后果，这些都是需要人们特别注意和警惕的。

通过合理合规的手段获取相应的经济效益，是网络直播节目的重要目标。这些年，网络直播之所以发展迅猛，是因为很多人看到了其中巨大的商机。当前，网络直播的盈利模式比较多，比如广告植入、粉丝打赏、品牌代言、带货销售等，能够产生可观的经济效益。这些都是根据网络直播的特点对其经济属性的合理开发，是直播经济的重要构成。经济效益在很大程度上成为促进网络直播良性发展的重要因素。随着网络直播的快速发展，直播经济面临着极大的竞争压力，部分网络直播平台采用一些非常规手段，这在一定程度上破坏了商业的共同法则。

二、直播效果的制约因素

网络直播的效果体现在社会效益和经济效益两方面，实现两者的均衡发展至关重要。但是在实际工作中，有些网络直播或重经济效益轻社会效益，或重社会效益轻经济效益，导致两者关系明显失衡，直播整体效果受到很大影响。

对于直播整体效果的制约因素，大致可以从以下几个方面来理解。

1. 顶层观念制约

主播没有正确认识到社会效益和经济效益的辩证关系，或者偏重社会效益，或者过于强调经济效益，导致两者关系失衡，最终直接影响直播效果。

2. 创新意识制约

当前的网络直播竞争非常激烈，具有创新意识的直播平台相对较少，一旦某个平台脱颖而出，其他平台纷纷跟风效仿，这种做法缩短了不少直播创意的生命周期，最终影响到整个行业的发展。

3. 媒介素养制约

从本质上讲，网络直播对从业者的媒介素养提出了很高的要求，但在现实生活中，很多人认为直播的技术门槛和观念门槛相对较低，不少媒介素养较低的人也纷纷参与直播，影响了整个行业的发展。一些网红参与网络直播曾经产生很大影响，最终还是因为各种各样的原因"塌房"[1]，本质上还是媒介素养较低导致的。

4. 技能操作制约

网络直播的发展始终以内容为核心，其本质是技术创新，因此技能操作对直播效果

---

[1] 塌房，网络流行语，粉丝圈用词，表面意思为"房子塌了"，引申到追星中，主要指偶像在粉丝心目中形象的坍塌。

形成极大的制约。比如室内定点直播，其直播效果就受到布景、光线、主播素养等多个因素制约。

以上是将网络直播作为一个行业整体来审视其效果，如果具体到某个直播平台或者直播间的效果评判，其影响因素较多，需要我们根据实际情况具体分析。

三、直播效果的艺术规律

要想保证网络直播的效果，我们需要深入把握其内在的艺术规律。具体来说，网络直播的整体效果涉及以下艺术规律。

1. 社会效益和经济效益的均衡发展

网络直播的基本原则是实现社会效益和经济效益的统一，从艺术规律的角度来看，网络直播应能体现社会效益和经济效益的均衡发展。所谓均衡发展，是指社会效益和经济效益占有同等重要的地位，这样才能真正把社会效益和经济效益落到实处。同时，网络直播应当树立长远利益观，以社会效益来带动经济效益，进而双效合一地推动行业发展。

2. 技术至上和理念至上的完美统一

传播技术对网络直播的发展起到了至关重要的推动作用，因此一段时间内网络直播平台都在追求技术创新，似乎唯有技术才能为直播长期发展保驾护航。但是，只有技术没有相关内容保障，直播最终可能只是昙花一现。在相关传播理念的推动下，精耕、深耕内容才是网络直播发展的底气。我们需要将技术至上和理念至上统一起来，才能为直播的整体效果保驾护航。

3. 短期突围和长期发展的协调统一

随着网络直播竞争越来越激烈，相关直播平台采用非传统、非主流的方式实现短期突围，从而保证一定的传播效果，这是可以理解的。但是，从整个直播行业发展来看，直播平台需要探寻长期发展之道，以保证其良性运转。直播平台应遵循以内容为核心的基本原则，在保证社会效益的同时，合理开发经济效益，这对网络直播行业的长期发展具有重要意义。

第四章　网络直播的商业操作

网络直播在社会主义市场经济条件下得到迅猛发展，一方面得益于传播技术和传播理念的联合推动，另一方面是它自身强大的商业属性所致。从商业属性的角度来审视网络直播，网络直播实现盈利的途径可以分为内容和用户两个层面。具体而言，庞大的粉丝群体和良好的用户体验是网络直播经济发展的原动力，而精心打造的内容展示和产品销售是网络直播经济发展的根本保障。

第一节　网络直播的吸粉模式

粉丝是网络直播赖以生存和发展的原动力，因此各大直播平台都纷纷开启了吸粉模式。在某种程度上，粉丝群体越大，直播经济效益可能就越显著。基于庞大的粉丝群体，直播平台最直接的经济行为就是流量分成、销售分成或者用户打赏。

一、粉丝为直播保驾护航

"粉丝"作为一个外来音译词(英文fans)，最早出现在网络上，现已被大众所接纳，实际上就是"追星族"的意思，即对虚拟或者现实中存在的明星或者事物体现出强烈崇拜和追捧心理的一种社会群体，在现实表征中体现出趋同性(专一性)并有相当的狂热性，大多数为年轻人，有着追赶时尚潮流的心态。尽管明星崇拜在我国由来已久，但是在20世纪八九十年代"追星族"文化的推动下，社会上对"粉丝"群体产生了明显的刻板印象，由于他们为自己喜爱的对象过度消费和无偿付出，在某种程度上被人们视为"弱智""低俗""幼稚"等的代名词，粉丝文化也因此成为与主流文化对抗的亚文化的一种。随着大众文化的兴盛，尤其是网络文化的推动，"粉丝"一词所含的贬义和歧视早已被去除，成为一个中性词，并在一定程度上具有可爱、忠诚等褒义色彩，从理论上讲，每个人都可以成为他人的粉丝，都可以为他人"打call"[1]，也可以拥有自己的粉丝。当然，尽管如此，粉丝的非理性行为依然屡屡为人们所诟病，这也是我们在谈论粉丝文化、粉丝经济时需要特别注意的方面。

---

[1] 打call，网络流行词，wota艺的一种，源于日本演唱会Live应援文化，最早指Live时台下观众跟随音乐的节奏，按一定的规律，用呼喊、挥动荧光棒等方式，与台上的表演者互动的一种自发的行为，后演变出呼喊、喊叫、加油打气的含义。

在网络文化的大力推动下，粉丝群体虽然仍以青少年群体为主，但是已经不限于这一群体，大有"全民皆粉"的趋势。对于网络直播来说，粉丝群体是一股不可小觑的力量，他们是偶像或者崇拜对象的拥趸，拥有很大的主动性和话语主导权，甚至在一定程度上可以通过打榜、内容付费等多种方式决定网络平台的发展。可以说，在互联网时代，粉丝以及粉丝文化的重要性和商业价值前所未有地凸显出来。

"粉丝"作为一个网络热词在近几年开始流行，但是作为一种现象或者文化却有着较长的历史。从发展流变来看，粉丝群体的发展大致可以分为三个阶段：信息单向传播中的受众型粉丝，也就是我们所说的忠实的受众群体；市场变革影响下的消费型粉丝，具有狂热而单向的特点；媒介激变背景下的互动型粉丝，当下的网络直播平台的粉丝群体就属于这一类。互动型粉丝因为和偶像之间存在相应的市场关系(单纯从粉丝的角度来看，他们更多属于"免费的情感劳工")，因此虽然他们依然具有狂热和非理性的特点，但是专一性明显不如以前，由于对偶像有了更深切的了解和"近距离"的接触，再加上网络红人(最新偶像)不断出现，粉丝群体面临的选择更多，随时可能出现"脱粉"[1]现象。从这个层面上看，粉丝的主体性很明显大大超过了先前时期。留住粉丝就成为各大网络直播平台的重要工作，粉丝已成为为直播平台保驾护航的重要力量。粉丝数量的多少在某种程度上成为决定网络平台发展前景的重要指标。

从当前网络直播的粉丝群体来看，大致可以分为"主播粉"和"内容粉"两种类型。"主播粉"是指被网络主播的个人形象、主持风格乃至人格魅力等深深吸引，从而紧紧追随主播的用户群体。这个主播可能是传统媒体中明星向网络平台的延伸，也可能是网络平台造就的网络红人。"内容粉"是指被直播平台的相应产品或者内容所吸引，从而密切"关注"平台并提供实际支持的用户群体。"内容粉"的出现是网络直播以内容为核心的体现。在直播平台，"主播粉"和"内容粉"不能完全分开，两者相互影响、相互转移，都在为直播的发展保驾护航。

二、有效提升直播影响力

在社交媒体普及之前，粉丝与偶像相隔千山万水，粉丝的崇拜或者喜爱并不为偶像所知晓(或较少知晓)，粉丝很难得到偶像的回应，粉丝对偶像的喜欢具有明显的单向性。在新的媒介环境下，粉丝能够"pick"爱豆[2]并为其出道助力，甚至直接影响经纪团队、网络平台的决策。粉丝的选择权和话语权日渐重要，成为一股不可忽视的力量。

---

[1] 脱粉，娱乐粉丝圈用语，表示艺人出现负面新闻，粉丝脱离组织，不再是艺人的粉丝。
[2] pick是一个网络流行词，意思为挑选、选择，最初源自综艺节目。爱豆，也是网络流行词，是英文idol的音译，意为偶像，该词源于日韩两国对年轻偶像的称呼。

从最初的仰望偶像到当下的围观偶像，从单一性地追逐偶像到参与偶像生活与经营，粉丝心里也慢慢生出了一种新情愫，即通过养成式追随带来获得感。

粉丝群体由一个个实体的人构成，每个个体的时间和精力都非常有限，因此不可能选择所有的直播平台，这使得不同直播平台或者直播间之间存在明显的竞争关系。粉丝数量决定了直播流量，也极大地影响直播效果，在此基础上才能推动在线消费乃至线下实体消费，因此各大直播平台纷纷开启"吸粉[1]模式"，甚至有的平台还推出"涨粉利器"，以求有效提升直播影响力。

当前，各大直播平台的"吸粉""涨粉"方式多种多样，大致可以分为以下几种。

1. 通过名人引导来涨粉

对于网络直播来说，名人主要包括知名主播和新晋网红两种，他们已经通过大众媒体获得较高的知名度，并在直播平台得以延续。他们入驻相关直播间时，自然会将先前的人气带进来，转化为可以量化的粉丝群体。当然，即便是名人或者网红，也不可能对所有用户都有吸引力，他们往往在直播间通过互动、发放红包或者金币等方式留住用户，并尽可能将他们转化为粉丝。

2. 通过刚性内容来涨粉

对于一些刚推出的直播节目来说，初期人气不旺、粉丝较少是非常正常的，如果能够坚持以内容为核心的基本原则，持续推出有质量且风格相近的内容，也能够逐渐获得用户的认同，从而成为铁粉。考虑到专业知识过于高冷，仅依靠内容来获得大量粉丝不太现实，当前依靠内容涨粉主要有三个途径，即实用知识分享、搭上各种社会热点的便车、分享经验和故事，也就是通过故事验证大道理，从而打动用户。

3. 通过平台互换来涨粉

平台互换本质上是一种利他思维。利他本来是佛教用语，即给予他人方便和利益并不求回报，是一种自觉自愿行为，是与"自利"相对应的一个词语。事实上，如果考虑问题总是以自我为出发点，难免显得急功近利，未必能达到预期目标。利他思维表面上看是帮助别人成全别人而自己并没有得到直接的利益，但是从长远来看，能够取得"投我以木桃，报之以琼瑶"的效果，因此利他思维本质上是一种互惠思维。同样道理，如果我们用自己的平台来推荐其他直播平台，其他直播平台也可能推荐我们的平台，如此一来形成平台互换的局面，双方都能达到"涨粉"的目的，最终实现双赢。

---

[1] "吸粉"是"吸引粉丝"的简称，就是指通过有效手段来增加粉丝数量，吸引人气，从而提升知名度和获取关注度。

4. 通过各种活动来涨粉

"酒好也怕巷子深",再好的直播平台或者直播间,如果不进行适度推广,也只能是"养在深闺人未识"。在现实生活中,借助一些线下活动,有效推广直播平台,也可以起到"涨粉"的作用。至于借助什么样的线下活动来推广直播平台,见仁见智,但是从总体上讲,需要重点考虑三个方面:其一是活动的程序需要自然而得体;其二是活动的目标对象要精准;其三是活动的内容需要和直播平台对接起来。当下,在各种大型活动现场,"二维码"推广已经成为常态,这就是通过活动来"涨粉"的方式体现。

5. 通过人际传播来涨粉

粉丝群体无论多么强大,都是由个体构成的。每个人都有自己的喜好,也都有自己的朋友圈,朋友之间有着基本的信任,如果向自己的朋友推介自己认可的直播平台或者直播间,目的和对象都比较明确,很容易产生良好的效果。从自己到朋友,再到朋友的朋友,这种人际推介传播会产生裂变,从而形成"病毒式"传播效果,实现"涨粉"的目的。当然,朋友之间的信任不可滥用,如果透支这种信任,最终只能是得不偿失。例如,有不少人借用朋友圈来进行"众筹""投票""点赞""砍价"等,招致他人反感。

对于网络直播来说,可以借助合理的手段来"吸粉""涨粉",从而有效提升影响力。但是如果为了"吸粉""涨粉"而不择手段,最终只能是自断"财路",甚至还可能遭到法律法规的惩处。因此,网络直播的任何行为都应当遵守相应的规则。

三、有效提升粉丝日活量

粉丝是保证网络直播有效传播的重要保障,因此各大直播平台或直播间都在"吸粉""涨粉"上动了很多脑筋,也取得较好成绩。现在很多直播平台或者直播间拥有几百万粉丝,数字的确可观,成绩非常骄人,但是这一定能保证直播效果吗?事实并非如此。在庞大的粉丝群中,有不少粉丝属于"僵尸粉",也就是说他们自从"关注"直播间之后,基本上没有参与直播间的任何活动,对直播间来说已经没有任何意义。因此,有效提升粉丝的日活量,提升用户黏性,将"僵尸粉"转化为"活跃粉""死忠粉",才能保证直播效果。

所谓日活量,简单来说就是每日相对比较活跃并积极参与直播活动的粉丝数量。虽然粉丝关注了直播平台,但是由于个体的差异性以及日常工作和生活的影响,不可能时时在线参加活动。针对这一情况,直播平台应采用必要的手段保证每场直播都有一定数量的活跃粉丝,如此才能保障直播效果。

1. 了解用户情况

用户由于各种原因成为直播平台或者直播间的粉丝，具有相当的偶然性。直播平台和直播间能"涨粉"也能"脱粉"，只有精准了解用户的需求、用户的偏好等，才能强化他们对平台的认同，从而增强黏性并积极参与相关活动。

2. 强化内容质量

用户成为直播平台的粉丝，表明他对直播平台的相关内容是充满期待的。因此对于直播平台来说，强化内容质量应当是永恒的追求。用户只有通过直播平台不断产生获得感，才会经常参与平台活动，长期下去，活跃度自然会提高。直播平台坚持以内容为核心，深耕、精耕内容，才能得到粉丝的认同。

3. 提供优质服务

粉丝关注平台给平台带来流量，或者在直播间为主播打赏，或者直接在平台消费购买相关产品，本质上都是因为粉丝认可平台提供的优质服务。一些学者认为，在直播间，主播和粉丝之间存在明显的"主奴辩证"关系[1]。虽然主播是直播的主角，但是本质上并没有独立性和自主性，他们的所作所为往往由粉丝的欲望决定。从本质上讲，直播是个服务型行业，进入直播间的粉丝是前来"消费"的顾客，为顾客提供优质服务是主播的责任和义务。

4. 优化互动方式

直播间要留住粉丝并让他们在直播节目中活跃起来，相应的互动必不可少，这是激发和强化粉丝参与感的重要手段。比如，鼓励粉丝每日签到打卡换取相应的积分或者现金奖励，这种做法非常普遍，有很多平台使用，这表明这种做法还是有效果的。又如，主播及时回应粉丝提出的相关问题，粉丝感受到尊重，也能对直播间产生相应的认同。互动方式应灵活多样，而且应针对不同的直播风格有所区分，这样才能让粉丝有"宾至如归"的感觉，从而成为忠诚粉丝。

第二节 网络直播的广告植入

广告植入是网络直播获取经济收入的重要手段。这种方式最开始在传统影视剧和网络剧中有较为成熟的操作，如今在各种视频直播中也随处可见。粉丝对直播节目认同，自然而然会对其中植入的广告留有印象甚至印象深刻，从而提升相关产品的品牌影响力，这也是不少广告商家愿意投资直播平台的重要原因。

---

[1] 龚思量. 主播与粉丝之间的主奴辩证法[EB/OL]. https://www.thepaper.cn/newsDetail_forward_2827913.

一、直播节目的广告冠名

如果你曾看过《中国好声音》这档综艺节目,一定会对主持人华少的开场白印象深刻。在开场白中,华少将很多个《中国好声音》的品牌冠名表述得清清楚楚,语速超快却又吐词精准。品牌冠名给《中国好声音》带来几个亿的收入,展示了大众媒体时代综艺节目超强的吸金能力。

"冠名"是一种特殊的广告形式,一般是指企业为了提升品牌知名度、扩大影响力而采取的一种阶段性宣传策略。冠名在传统媒体的报纸、广播、电视中使用较多,一般针对相关的栏目(版面)而言。

近年来,网络直播迅猛发展,赢得不少商家的密切关注,广告冠名也开始出现在网络直播中。比如,著名主持人汪涵在淘宝网开播的直播带货综艺《向美好出发》,就是由青岛啤酒冠名播出的。从本质上讲,直播间积累了超高人气,才能吸引知名品牌投资冠名。广告冠名给直播平台带来了相应的广告收入,而商家也因此获得更高的知名度,有助于推动产品销售,可谓双赢。

广告冠名的具体呈现方式包括:在直播间的封面上予以醒目标注(品牌名称或者LOGO);在直播现场以标牌甚至实物的形式展现品牌;网络主播不时以口头语言的方式提醒用户,如"这里是由××品牌冠名播出的……"。总之,直播间会以各种方式来呈现冠名的品牌,从而强化大众对品牌的认知。

当然,并不是所有直播间都能吸引商家予以冠名。商家只有看到商机,才会掏出"真金白银"。直播间的人气高低是商家决定是否进行广告冠名的重要因素。当前,网络直播发展迅猛,但是被用户特别认可而且具有持久生命力的直播间相对有限,因此在吸引广告冠名方面,网络直播还有很长的路要走。

二、场景化下的广告植入

网络直播处于发展之中,而且竞争非常激烈,能够获得广告冠名的平台或直播间毕竟是少数,大多数平台或者直播间可通过场景化的广告植入获得相应的经济收入。

场景原本在戏剧影视中使用比较频繁,主要是指在特定的时间和空间内发生的由一定的任务行动或是任务关系所构成的具体的生活画面或者情境。随着互联网的快速发展以及大众的可参与性,网络场景逐步形成。美国学者伊斯雷尔等人在《即将到来的场景时代》中向我们描绘了"场景时代",并指出"移动设备、社交媒体、大数据、传感器以及定位系统"是其五大技术力量,可以称为"场景五力"。[1]

媒介化形态的场景,就是"人与人、人与环境、人与事物之间,乃至人和具有人工

---

[1] 罗伯特·斯考伯,谢尔·伊斯雷尔. 即将到来的场景时代[M]. 赵乾坤,周宝曜,译. 北京:北京联合出版公司,2014:11.

智能的机器等人工物之间,基于新的信息与媒介技术,可以虚拟或真实地融合,实现智能性'超链接',并在社交平台进行多方互动的数字化情境"[1]。当前,网络直播平台的主播与用户隔屏对望,从物理世界的角度来看,还不具备构成场景的要素,但是数字化情境使得"场景"成为可能。在这种具有虚拟性的场景化中,主播与用户以一种新的方式进行"面对面"互动,一些广告就此被植入进来。比如,在相关游戏直播节目中,除了玩家使用虚拟货币购买相关的产品设备外,一些商家更是直接在直播间推介实体产品,从而吸引相应的玩家进行购买。将产品推介和游戏场景往往结合在一起,会产生直接且显著的效果。又如,在一些以艺术欣赏为主打内容的直播节目中,主播进行相应的讲解,随机植入与之相关的艺术产品,也会产生相应的效果。

在某年"双十一"的直播活动中,一家卖锅企业想在直播间推广自己的不粘锅产品,但是商家并没有采用直播带货的方式,而是让主播在直播间直播做饭,在做饭的过程中顺便介绍自己使用的不粘锅,分享一些使用小技巧,并讲述一些好玩的段子。该直播正常的场景主要是做饭,因此没有让人感觉到是在卖产品,但是用户在欢乐的气氛中真实地感受到这款不粘锅的优点,结果这款不粘锅在短时间内销量非常高,一度卖断货。这可以说是场景化下广告隐性植入的典范之作。假设没有现场做饭这个场景设置,即便请一个网红主播来介绍产品,也未必能够吸引广大用户去购买,毕竟每个用户的家里都不缺做饭的锅。但是,主播的现场示范,让用户产生了"换一口锅"的想法。同样,在直播间里,美女主播可以通过现场化妆演示,让用户在学习相关化妆技巧的同时,了解相关品牌化妆品的实际效果,自然会带动用户踊跃购买,从而满足用户想和主播使用"同款"产品的需求。

场景化广告植入充分考虑到用户的心理状况和现实需求,而且互动性强、应时应景,往往能产生立竿见影的效果。

三、主播直接为品牌代言

当前,对于网络直播的广告行为,更为常规的做法是主播直接为相关品牌代言。当然,并不是所有的网络主播都具有为品牌代言的实力,这种方式主要适用于明星主播和网红主播(见图4-1)。从商家规避风险以及提升经济效益的角度出发,他们也更倾向于选择明星代言人。可以说,知名主播+知名品牌+网络直播已经成为直播经济的重要体现。

主播为品牌代言和带货直播虽然有一定的相似之处,比如都会启用有一定知名度的主播,都会促进相关产品的销售等,但是两者之间存在明显差异。首先,两者直播的内容不一样。主播代言的品牌往往拥有一定的知名度,知名主播+知名品牌的组合会使该品牌在直播间获得更高的人气,自然可以带动相关产品的销售,这种方式能进一步提

---

[1] 阎峰."场景"即生活世界——媒介化社会视野中的"场景"传播研究[D].上海:上海师范大学,2018:3.

升品牌知名度，更着眼于长远发展。带货直播的主播可能是网红主播，也可能是地方官员，还可能是相关产品的生产者等，情况构成更为复杂，同时目的更加明确、直接，那就是尽量把相关产品(不少产品为销售渠道相当有限的农产品)卖出去。其次，两者的行为性质不一样。主播为品牌代言是一种纯粹的商业行为，而带货直播许多时候具有公益性质。最后，两者面对的用户不一样。主播为品牌代言，大多数用户冲着主播的知名度而来，他们大多是主播的粉丝。带货直播节目中的用户除了部分是主播的粉丝，更多的还是希望能够以实际行动支持相关农产品售卖的社会爱心人士。因此，对于用户来说，前者可谓偶像消费，后者可以视为爱心消费。

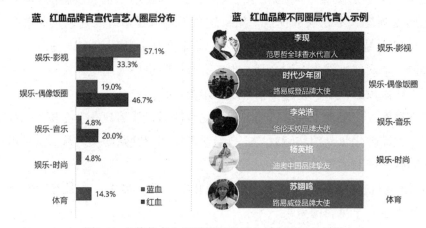

图4-1　品牌代言主要适用于明星主播和网红主播[1]

在主播为品牌代言的直播活动中，在强化品牌效应的同时，需要对产品的质地、功能、使用方法等各方面进行全方位介绍，同时现场回应用户提出的各种问题，以互动沟通的方式提高用户对品牌的了解度和认知度。为了提高用户的认同度，主播还会对代言的品牌商品进行现场试用、试穿、试吃等体验行为，并通过多角度的展示、夸张的动作和表情等方式来追求相应的效果。

值得关注的是，在主播为品牌代言的直播活动中销售的商品，化妆品和洗浴产品占据相当大的比重，因此用户大多数为中青年女性。在这种情况下，出现了不少男主播代言化妆品甚至女性用品的现象。对于这种现象，大致可以从两个方面来解释：其一，广大的女性消费市场让众多的男性主播看到流量和发展前景；其二，男性代言女性用品品牌，这种"角色反串"在某种程度上是对用户新奇心理的迎合。

---

[1] 艺恩营销智库[EB/OL]. www.endata.com.cn，2022-03-27—2023-03-27.

第三节　网络直播的游戏体验

直播要发展，需要积累大量的人气，人气是直播的生存根本。一些直播节目为了更好地吸引用户，在节目中间特意设置相应的游戏互动和游戏体验，有效提升了网络直播的经济性。

一、游戏是互动的重要表现

相较于传统直播，网络直播的主播可以通过和用户互动来增强直播间的人气，进而通过人气带动社会效益和经济效益的提升。

网络直播中的游戏体验不能等同于游戏类直播。游戏类直播以现场游戏为主要内容，由资深游戏玩家进行游戏示范，用户前往围观，或者打赏，或者参与其中。由于互联网用户的年轻化特征，各种直播游戏对青少年形成极大的吸引力。而直播中的游戏体验和互动只是直播活动的一个小环节而已，主要用来聚集人气、调节氛围等。

互动有各种各样的方式，而游戏是其中重要的方式之一。之所以如此说，是因为游戏在人们的生活中占有重要地位，大致可以从以下几个方面去理解：其一，游戏符合人类的天性，学术界甚至还有"艺术起源于游戏"[1]的说法。例如，很多综艺节目设置了一些看上去"高大上"环节，其实都是我们童年时代游戏的再现和还原。其二，游戏适合网络呈现。随着时代的发展，各种电子产品丰富着大众生活，而网络游戏的低经济成本以及形式灵活多变对中青年有着特别的吸引力。其三，电子游戏是当今时代人们释放精神压力的重要手段。

网络直播可以采用的游戏互动方式比较多。比如有内涵的脑筋急转弯，配上适当的竞赛奖励，就能够吸引很多用户。用户参与其中获得快乐的同时还可能赢得小礼物的奖励，的确能够刺激其参与欲。又如有奖竞猜，主播提供相关信息，请用户猜歌名、猜影视剧名等。用户对流行音乐、流行影视剧比较熟悉，这种竞猜一方面可以体现年代感，唤起大众的集体记忆；另一方面可让大众增长知识，强化艺术修养和审美意识。随着技术的发展，视频用户的要求越来越高，他们开始追求更好的视觉体验，早期的游戏和电影通过3D技术实现视觉立体感，现在则通过VR技术让用户体验更加真实的虚拟场景。直播平台也可以尝试将VR技术应用到游戏互动中，从而实现更好的互动效果。

虽然游戏的形式多种多样，但都应当以刺激用户参与和体验为前提，以提升直播间的人气和吸引力为目标。同时，我们还需要把握两个度：其一，游戏只是直播的一个环

---

[1] 该观点先后由德国美学家席勒和英国学者斯宾塞提出，因此被人们称为"席勒-斯宾塞理论"。他们认为艺术是一种以创造形式外观为目的的审美自由的游戏，早期的艺术是人类过剩精力发泄的产物。

节而已，切不可因为游戏而忽视直播的根本目的。其二，任何游戏都应当以健康、快乐为基本前提，切不可为了游戏而游戏，更不能将庸俗、媚俗、恶俗的游戏引入直播间，否则只会带来负面效果。

二、游戏应内化为内容构成

我们强调在直播活动中不能为了游戏而游戏，人为地将游戏环节和直播内容分开，而是应当将游戏内化为直播内容的重要构成。这样一方面不至于让用户感到突兀，提升他们的参与度，另一方面可以保证游戏互动的效果。

最近几年，网络剧比较火爆，吸引了不少商家投放广告。投放网络剧广告除了沿用传统的手段之外，还可根据剧情，由剧中主要演员以角色身份来完成广告制作和游戏设置。这种做法具有一定的创新性，把握了几个关键点：其一，广告和游戏情节及剧情有着内在的关联性；其二，广告和游戏演员全部沿用剧中演员的角色，并且不做改动；其三，广告和游戏在剧中间歇投放，实现完美衔接。网友沉浸于剧情中时，可能就在不知不觉中接受了广告内容或者游戏，从而产生意想不到的效果，实现了传播效果的提升。这种做法也适用于网络直播，但需要把握以下几点。

1. 游戏内容和直播内容应体现一定的关联性

游戏的目的是聚集人气、活跃气氛，进而提升用户对直播内容的认可度。如果在直播中硬性播出或者推介相关内容，必然会影响传播效果。因此，假如能够通过游戏环节顺利转入直播内容，自然能够增加用户对内容的认可度。确保游戏内容和直播内容的无缝对接是在进行相关操作时应树立的重要理念。

2. 游戏形式和直播风格应体现一定的协调性

游戏形式多种多样，既有参与体验式游戏，也有旁观欣赏式游戏，既有动态型游戏，也有静态型游戏，不一而足。主播可以根据自己的喜好和用户的特点来选择和设定游戏形式，但是游戏形式和直播风格应体现协调性。比如，一档以欣赏画面为主导风格的直播，就不宜使用动态型游戏形式；而体验性极强的直播节目，也不宜采用知识问答等静态型游戏形式。

3. 游戏环节的呈现可以随直播内容分阶段进行

直播节目都有一定的时长限制，要想留住用户长时间围观或者参与，有必要将游戏环节拆分，采取阶段性呈现的方式，从而保证直播效果的整体性。在传统的大时段广播电视节目中，分板块是常规手段，而对于影视剧来说更有著名的"钩子理论"，即每五分钟都应当打造一个小高潮，从而持续吸引观众的注意力，防止观众流失。这种做法可供时长较长的直播节目参考借鉴。好的直播节目应当有"剧本"，事先设计好各个环节，这样才能保证效果。游戏环节如何呈现，在什么时间段呈现，都需要事先做好计划。

三、游戏互动不能喧宾夺主

在网络直播中，游戏互动对于吸引人气、提升经济效益具有显著的作用。因此，精心设计直播中的游戏互动环节非常重要。但是，在实际操作中，我们不能过于强化游戏互动，以免出现喧宾夺主的情况。

1. 要防止游戏互动喧宾夺主，应当强化直播内容的策划设计

为了确保直播效果，大到整体定位，小到各个细节，都要充分考虑，这样才能将游戏互动放在合情合理的位置上，最终强化直播效果。这就是我们强调的直播节目也应当有"剧本"的原因。游戏互动应当是直播节目"剧本"中的一个环节。

2. 要防止游戏互动喧宾夺主，网络主播应当发挥主体作用

优秀的主播要善于把控直播间的局面，既不能让直播间冷场，显得毫无人气；也不能让互动走样，变成用户的狂欢场；更不能过度迎合用户，从而迷失直播的本质目的。可以说，主播所做的一切，都应当以提升直播效果为前提。

3. 要防止游戏互动喧宾夺主，直播节目应当树立整体意识

游戏互动属于直播节目的内在构成，也可以被视为其中的一个小板块，不宜单列出来，而是应当基于整体意识，将其与直播主体内容无缝对接起来，防止游戏互动环节结束后用户流失。如果一些用户进入直播间只是为了和主播完成游戏互动，那就是喧宾夺主了。

第四节 网络直播的带货销售

带货直播已经成为当前直播经济的重要组成部分。由于带货直播代理的很多产品都是销售渠道不畅的农产品，加之地方政府官员往往客串网络主播，使其从一个经济问题变成一个社会问题乃至行政管理问题。但是，带货销售的本质还是"销售"，因此归根结底直播带货依然是一个商业问题。

一、直播带货效果显著

随着社会经济的快速发展以及通信技术的不断更新，人们的消费需求和消费模式也在不断升级，其中网络消费更是呈现节节攀升的趋势。依托4G技术而兴盛的直播行业

和销售行业结合得越来越紧密,从而诞生了直播带货这种全新的销售模式。随着5G技术的普及,直播带货还将焕发新的生机。可以说,直播带货在未来一段时间内依然是网络直播行业强劲的经济增长点之一。

2019年有"直播电商元年"之称。李佳琦、辛巴、罗永浩、李湘等人不断为直播电商贡献完美战绩,取得"赫赫战功",让社会大众以及电商为之侧目,直播带货由此成为时代重要风尚。

据相关数据,从2019年5月15日到6月13日,"口红一哥"李佳琦先后直播27场,带货总额达23亿元,场均销售额为8489万元。2020年4月6日,李佳琦和央视新闻主播朱广权以"小朱配琦"为名,进行隔空连线(见图4-2),搭档进行以"谢谢你,为湖北拼单"为主题的公益直播,为疫情后的湖北助力。在直播中,二人金句频出:"Oh my God!不是我一惊一乍,真的又香又辣……买它买它就买它!运气好到爆炸,不光买到了,还有赠品礼包,这么大,为了湖北我也是拼了!""烟笼寒水月笼沙,不止东湖与樱花,门前风景雨来佳,还有莲藕鱼糕玉露茶,凤爪藕带热干面,米酒香菇小龙虾,守住金莲不自夸,赶紧下单买回家,买它买它就买它,热干面和小龙虾。"在这场长达130分钟的公益直播中,共吸引1091万人观看,累计观看总数1.22亿,直播间点赞数1.6亿,累计卖出总价值4014万元的湖北商品。在直播间热烈情绪的渲染下,不少网友果断出手,并且感慨"愿为湖北胖三斤"。2021年4月8日,"小朱配琦"组合再度出场直播带货,销售额超过3000万元。中国社会科学院财经战略研究院、淘宝直播联合发布的《2022直播电商白皮书》显示,中国电商直播用户规模为4.69亿,较2020年3月增长2.04亿,占网民整体的44.6%。根据2023年3月22日网经社发布的《2022年度中国直播电商市场数据报告》,2022年电商交易规模超过3.5万亿元,同比增长48.21%。

图4-2 "小朱配琦"隔空连线取得巨大成功

在这一风尚的引领下，不少网络平台如京东、苏宁易购、淘宝、蘑菇街、唯品会、聚美优品、拼多多、如涵、小红书、洋码头、微信、抖音、快手、斗鱼等成为直播带货的重要平台。可以说，电商成为各大网络平台竞争白热化的新领域。

带货直播催生了一批网红主播，从而进一步推动带货直播的发展。当前，带货直播已经成为不少地方政府部门推动农产品和地方特产销售的重要手段。一些地方官员也纷纷"披挂上阵"，进入直播间和网红主持人一起推销当地特产，一改先前严谨的形象，受到许多网友的追捧。

二、直播带货需要节奏

当前，直播带货处于线上线下销售的新风口，并且取得了不凡的"战绩"，受到社会各界的高度关注。在全民直播时代，直播带货的高效益使得不少人认为做直播并不是一件很难的事情。事实上，在竞争如此激烈的当下，直播早已经走出"颜值担当"的层次，更多体现"实力硬核"。要做好直播带货，一定要把握好相应的节奏，打出一套组合拳，才能取得相应的效果。

直播带货"组合拳"包括内容设计、宣传预热、产品展示三个环节。在每一个环节都应当把握好相应的节奏，才能保证最后的传播效果。

1. 内容设计

直播带货的目的是将相应的产品销售出去，因此需要事先规划好直播主题和直播流程，做好相应的内容设计。直播主题和社会热点相结合有助于提升直播效果，但是，在现实生活中，热点来得快去得也快，要想借助热点来完成直播带货销售，必须对热点进行深入挖掘，找到热点与直播内容相关联的地方，从而形成"搭车"效应。除了一些法定节假日、大型活动赛事等，可以尝试从一些突发性事件、明星绯闻、热门影视作品中找到与直播带货的关联性。比如，2017年电影《战狼2》热映之际，某直播平台就推出"《战狼2》中女星使用的美妆产品"的主题，效果较好。又如，公安部发布通知，要于2020年6月1日起，在全国开展"一盔一带"安全守护行动，要求骑乘摩托车、电动车必须佩戴头盔，某平台马上以"9.9元抢头盔"为卖点推出电动车带货直播，取得较好的效果。在确定主题的基础上，设计直播标题时也应该多动脑筋，既要有创新思维，又要有明确的指向性。比如"三八女神美妆节""开学季小学生必备课外书""男人节潮男购机首选"等，都能够精准定位用户，强化带货效果。

2. 宣传预热

带货直播需要事先做好相应的宣传预热。即便平台请来的主播"人气旺"，带货的内容也是大众所需要的，但是如果用户不知道直播平台和直播时间，那么极有可能会错过直播，再好的内容设计也只能与广大用户擦肩而过。因此，平台需要通过多种渠道进行宣传预热，除了披露时间、主播、平台等相关信息外，还可以强调产品特色、购物福利、意外惊喜等，从而提前锁定用户，以达到吸引用户的效果。比如，"小朱配琦"于2021年4月7日武汉疫后重启一周年之际再次进行带货直播，售卖湖北特产，助力湖北经济发展。在直播之前平台就通过相关渠道进行广泛宣传："见证热爱的城市！共赴美好的生活！4月7日晚八点'小朱配琦'再合体直播，淘宝直播&央视媒体'热力开卖'。""疫后重启一周年"和"助力湖北"是很好的热点，相关部门提前精心策划，并进行宣传预热，该场直播最终以3000多万元的业绩收官，令人称赞。又如，"本周五七点，新朋友老铁价，重磅产品，惊爆价格等你来探"之类的直播预告更是成为一种常态性的存在。

3. 产品展示

主播需要事先对相关产品有足够的了解，只有对产品充分了解，才能在直播中有的放矢，做好与用户之间的沟通，最终刺激他们的购买欲望，完成带货任务。客观来说，任何产品都有优缺点，主播在直播之前，应当明确产品的优缺点，并从中寻找相应的卖点。比如，有的农产品在食用前清洗比较麻烦，这可能会让很多用户失去购买欲望，针对这种情况，主播应当事先学习产品的清洗技巧，以便在直播中将这些技巧分享给用户，获得他们的认同。同时，主播也不能对相关产品的缺点视而不见，这样极有可能引起用户的抱怨，进而对主播乃至直播间失去信任。如果主播能在充分肯定优点的同时，客观理性地将产品的缺点讲出，有可能更好地推动直播营销。在具体的直播中，主播应根据用户的情况，随时调整介绍内容，以把握用户的情绪变化，最终促使他们下单。

三、直播带货需要促销

如何增加产品销量？如何在直播间营造"供不应求"的氛围，以刺激用户争相购买？这就涉及促销技巧的问题。

直播带货的关键在于选准具有相当人气的主播以及具有卖点的相关产品。可以说，"人气主播"+"特色产品"是直播带货取得成功的关键。但是，随着直播带货的发展，广大用户越来越理性，主播的卖力解说或者煽情表达有时候并不能刺激用户的购单欲望。这时候就需要运用相应的促销技巧，来推动用户购买，从而提升带货效果。

直播带货的促销活动可以分为两个阶段，即开播之前的促销和开播过程中的促销。前者是为了聚集人气，让用户提前锁定主播和直播间；后者则是刺激用户别再犹豫，快速做出购买决策。

在直播带货开播前，平台可以通过节假日、纪念日、时令等节点来巧妙完成促销。比如，玫瑰花作为一种生鲜产品，在平时很难提升销量，但是如果在情人节采用合适的促销手段，就可能收到意想不到的效果。例如，某直播间早在情人节到来之前，就开展了"99朵玫瑰，情人节5.2折"的促销优惠活动，果然有许多用户锁定时间和平台，在开播时前来下单。主播在直播间强调："我们店针对情人节，特别推出个性化的五二折玫瑰花产品。原价799元的99朵玫瑰花束，现在只要415元，只要415元。共有四种搭配方案供大家选择。例如，这是一款知风草玫瑰定制花盒，用知风草和玫瑰花进行搭配，不仅层次设计感强，同时也强调了'我爱你'的主题……"。"情人节""99朵玫瑰""五二折"这些关键词在直播中产生了很好的促销作用，聚集了不少人气，在一定程度上保证了直播效果。

  在直播带货中，如何让用户在短时间内顺利下单，是非常关键的问题。直播中，用户的很多消费行为都属于"冲动消费"，用户在直播间停留的时间越长，就越不可能下单购买。因此，在直播中，采用必要的限定式促销是很有必要的。所谓限定式促销，就是通过限制一些购买要素，从而形成饥饿式营销，比如时间、数量、折扣、赠品等，促使用户在尽可能短的时间内做出消费决策并付诸行动。比如，在限定时间方面，可以采用"一小时内下单，立减100元""一小时后恢复原价"的策略；在限定数量方面，可以采用"前100个订单享受八折优惠""限量出售1000件，手慢无"的策略；在限定赠品方面，可以采用"订单金额在××元以上，可以使用一张优惠券""买二送一，多买多送"的策略。

  对于促销手段的运用，没有可供遵循的固定规则。平台和主播应当根据实际情况，采用合理的促销手段，才能使直播效果达到极致。

第五章　网络直播的艺术技巧

影响网络直播效果的因素有很多，艺术技巧是其中的关键因素之一，因此掌握必要的艺术技巧非常有必要。本章根据直播实际情况，具体从主播打造、直播间设置、直播造势、直播引流四方面分析相关艺术技巧。

第一节　打造人气网络主播

主播是网络直播的核心，打造人气网络主播是网络直播成功的必要保障。在网络直播中，除了部分主播是资深主持人外，大多数主播都是在以流量为主导的多媒体时代成长起来的。

一、人气主播的基本内涵

网络直播的快速发展，使得网络主播作为一种新兴职业进入大众视野。很多人认为，只要有一个能上网的电脑或者智能手机，具备基本的语言表达和人际沟通能力，就可以成为网络主播。这其实是一种误解，我们一再强调网络直播以内容为核心，但是人气主播所起的作用也不容小觑，甚至可以说，主播的人气和资质在一定程度上决定了直播效果。

所谓人气主播，是指在直播间里能够以个人魅力吸引广大用户积极参与直播的相关活动，体现出超高的人气，对提升直播效果有本质性推动作用的主播。网络直播走过野蛮生长期之后，广大用户不仅关注网络主播的颜值，还关注网络主播的实力。从总体上讲，人气主播的基本内涵包括个人综合素质、现场调控应变能力、自我品牌塑造能力、传达正能量的能力。

1. 个人综合素质

人气主播应当具备良好的个人综合素质。随着主播的竞争日益激烈，良好的个人综合素质至关重要，"颜值"所起的作用越来越小。网络主播和传统主持人一样，都要具备良好的个人综合素质，主要包括思想素质(含政治素质、职业精神、职业道德、人格素质、人文素养)、文化素质(含教育背景、知识结构、生活阅历、学习能力)、职业素质(含思维素质、语言素质、亲和力素质、职业传播素质)、身心素质(含身体素质、心理素质)四大方面[1]。近些年来一些网红主播相继"塌房",本质上还是因为个人综合素质的欠缺。

2. 现场调控应变能力

尽管网络直播也有"剧本",会事先制定相应的流程,但在实际直播中,往往充满了各种不确定性因素。这些不确定性因素使得主播面临极大的压力,因此对于主播来说,具备良好的现场调控应变能力至关重要。在很多直播中,主播表现出较强的语言组织能力和现场表达能力,但有时候,过度的表达可能会造成"语言暴力",不利于与用户的互动。因此,主播应把握说话的时机,控制直播的节奏。有时候,直播间的粉丝可能会发生矛盾,这时主播应发挥调节作用,及时采取手段来化解矛盾,避免影响直播氛围和直播效果。总之,主播应做到张弛有度、合理把控局面,使直播间既不冷场也不失控,这是主播应当具备的基本能力。

3. 自我品牌塑造能力

一个人气主播在和用户建构起信任关系从而获得超强人气的基础上,更应当注重自身品牌塑造。打造人设是形成个人品牌的前提。首先,主播需要根据自身的性格特点、专业技能进行合理定位。在这个过程中,可自问"我是谁""我的工作是什么""我凭什么让别人喜欢"等问题来明确自己的方向和目标。其次,主播可以根据具体情况给自己贴标签,比如李佳琦"口红一哥"的标签就强化了大众对他的认知。最后,人气主播在注重直播间形象的同时,还应当约束自己在线下社会生活中的言行,因为这也是其品牌延伸的体现。人气主播拥有庞大的粉丝群体,因此也属于公众人物,现实生活中稍有不慎,或者私德有亏,极有可能导致人设坍塌,品牌形象被毁。

4. 传达正能量的能力

尽管网络环境相对宽松,对主播的要求也相对较低,但是这并不意味着网络空间可以有别于现实世界而独立存在。作为人气主播,除了依照法律法规约束自己的言行,还应当担当起传达正能量的重任。有的人气主播拥有几千万粉丝,因此传播正能量的效果往往非常突出。同时,作为有影响力的人气主播,还有义务规范、引导粉丝的言行,有效化解一些不必要的矛盾和冲突,从而保证直播间的良好氛围,否则粉丝可以成就主播,也可能毁掉主播。

二、主播的跨界转型发展

网络直播的快速发展,成就了不少网红主播。网红主播拥有超高人气,产生了令人惊叹的社会效益和经济效益,也吸引了一些传统主播纷纷转型。事实上,这些年越来

---

[1] 童兵,陈绚. 新闻传播学大辞典[M]. 北京:中国大百科全书出版社,2014:5.

多的传统媒体主持人纷纷跳槽，试水网络媒体，并取得不菲的成绩，人们将这一现象夸张地概括为"主持人离职潮"。

将传统主持人的转型发展概括为"离职潮"，不免有些夸张，但是传统主播向互联网靠拢，却是不争的事实。比如曾担任CCTV-3《挑战主持人》节目制片人、总导演、主持人的马东，于2013年离开央视，加盟爱奇艺，担任首席内容官，并在2014年推出辩论类达人秀《奇葩说》第一季。2015年，马东又从爱奇艺离职，同年成立了米未传媒，出任CEO，并继续打造《奇葩说》《奇葩大会》《饭局的诱惑》《乐队的夏天》等网络综艺。后来马东也参与到网络直播中来。像马东这样实现从传统媒体向网络媒体转型的主持人并不少见。即便是一直坚守在传统主播阵地的主持人，有时候也会客串一把网络主播，取得较好的效果。比如央视新闻主持人朱广权，因其在央视主持多档电视新闻栏目而广为人知，由于独特的主持风格被大家亲切地称为"一本正经的段子手"。2020年4月武汉疫后重启，朱广权和网红主播李佳琦隔空连线进行带货直播，取得了很好的效果。传统主播向网络主播转型，或者客串网络主播，都取得了良好的效果，这表明网络直播主持风格的确有优点值得传统主播学习。同时，无论是传统主播还是网络主播，基本功都是非常重要的，才华、风格远比外表更为重要，正因为基本功扎实，传统主播向网络主播转型才相对容易。尽管如此，如何更好地适应多媒体时代的受众，依然是传统主播需要思考的问题。

网络主播大量出现后，有些主播因为自身的特长而为大众所知，进而成为名声显赫的"网络达人"，获得了庞大的粉丝群体和较高的社会知名度。他们凭借自身的知名度跨界参与一些综艺节目或公益节目，甚至转型在影视行业发展。如果没有网络直播这个新平台，这些主播很难在竞争激烈的媒介环境中"逆袭成功"。此外，一些当红影视明星看到了网络直播的前景，也纷纷加入网络直播的阵营，成为网络主播，实现跨界转型，为网络直播增添了新的亮色。在未来，跨界转型依然是网络主播发展的重要趋势。

三、打造全新的网红主播

直播的快速发展使得网络主播成为一种新兴职业，牵系着许多人的职业梦想，也关涉直播行业的未来发展。哪些群体更容易成为网红主播？如何打造全新的网红主播？这成为摆在直播行业面前的重要问题。

1. 适合转型为网络主播的群体

网红主播具有较强的群体特征，以下几个群体具备向网络主播转型的优势。

(1) 大学生。大学生对新生事物有好奇心，有自己的专业和爱好，思想开放，业余时间较多，而且还有创业梦想，这些都是他们成为网红主播的有利条件。

(2) 都市白领。都市白领大多面临较大的生活压力和职场压力，网络主播是增加经济收入和展示自我才华的重要手段。同时，从生活方式上讲，在工作之余，很多都市白领都习惯于"宅居"，网络直播成为其扩大交际、释放情感的重要方式。

(3) 年轻女性。在网购经济中，年轻女性一直是消费主体，她们见证了网络购物的发展。如今在网络直播时代，她们极有可能加入到直播大军中来。

(4) 才艺达人。在电视选秀时代，一些草根艺人变成明星，实现了"丑小鸭变金凤凰"的梦想。但是电视平台资源相对有限，能够成就梦想的草根艺人毕竟是少数。网络直播资源的海量性为更多人提供了才艺展示的平台，这些人极有可能成为某一领域的网络达人。

(5) 某些领域的兴趣爱好者。某些领域的兴趣爱好者最初参与直播可能只是出于一种分享习惯或者为了释放情感，但由于坚持打磨内容吸引了越来越多有共同兴趣的网友，于是逐渐晋升为网红主播。

(6) 微商从业者。他们的目的往往更加明确，即将产品卖出去。为了达到这个目的，他们努力提升推销能力，也有可能成为网红主播。

2. 打造网红主播的方法

有成为网红主播的潜质，未必能够成为网红主播。要挖掘潜质，将其变成现实的能力，需要掌握一定的方法要领。

(1) 发掘自身的特长，完成自我定位，找到自己能够被粉丝认可的要素。

(2) 精心设置昵称和头像，这是主播的身份象征。

(3) 借助其他平台或者媒体对自己进行适度推广。当前社交平台很多，不同的粉丝群体往往可以相互转化，适当借助相关平台的推广，可提升知名度，吸引更多的粉丝。

(4) 了解粉丝的基本情况，通过合理的方式加强与粉丝的互动。

(5) 结合热点话题，推广自己的直播间，从而让更多的粉丝认识并认可自己。

第二节 直播间的设置艺术

在直播间进行定点直播，是目前最经济、最简约的一种网络直播形式，因此受到很多人的热捧，直播间也因此变得非常重要。把握好直播间的设置艺术，是网络直播成功的重要保证。

一、直播间的主体风格

从经济集约的角度出发，大多数网络直播间的空间相对有限，因此需要根据实际情况确定直播间的主体风格，从而为直播效果增色。直播间的主体风格可以是豪华大气的，可以是温暖清新的，也可以是粉红可爱的，不一而足，主要通过直播间的整体策划设计以及主播的妆容衣着等来体现。

确定直播间的主体风格，要把握以下几项基本原则。

1. 整体性原则

因为直播间的空间相对有限，而且功能目的也比较明确，不适宜对其进行太多人为区隔，而应将其作为一个整体来规划设计，从而彰显主体风格。当然，考虑到实际呈现效果，可以适当借鉴电视媒体的虚拟演播室的操作方式。有的直播间过于狭小，会给人以逼仄的感觉，对于这种情况，可以考虑使用镜像的方式来把握整体的视觉效果。

2. 一致性原则

网络直播在发展中必须依靠内容来立足，而直播间之所以能够长期良性运转，就在于其独特的内容定位。直播间在打造主体风格时，需要把握与内容一致的原则。比如泛娱乐直播，直播间风格应当清新简单；课程类直播，直播间风格应当严谨而不失灵动；游戏类直播，直播间风格则应当空灵快捷。无论采用哪种风格，我们都需要记住，形式为内容服务。

3. 简约性原则

以简约性原则来把握直播间的主体风格是基本前提。一般来说，在一个相对有限的空间里，主要颜色不要超过三种，否则会给人以凌乱的感觉。在具体设计直播间时，可以用一种颜色作为主打色，另外选择两种颜色作为辅助色，这样在简约的基础上可以保持整体感。同样，无论女主播多么青春靓丽，其服饰妆容也不要使用太多颜色，依然以三种为宜。

4. 个性化原则

如今，网络直播平台众多，无论是直播间想要获得用户的认同，还是主播想要增强粉丝的黏性，个性化都是非常重要的一环。个性化并不完全是指标新立异、特立独行，主要是指彰显自身的独特性、个性化优势。当前网络直播雷同化趋势非常明显，模仿他人成为一种常见现象，这与主播没有建构起个性化原则有关。

二、直播间的背景设计

直播间的背景是指面向观众的一面，即主播身后的部分，可谓主播的"第二张脸"。直播间背景对整个直播间环境有着很重要的衬托作用，好的背景可以起到"画龙点睛"的作用，同时凸显主播在直播间的位置感，从而强化直播效果。

在背景设计方面，每个直播间都可以体现自身的风格，没有统一标准，因人而异，因地而异，因直播内容而异，更与个人喜好有着很大关联。但是在具体操作中，需要把握以下几点。

1. 背景主色调要与大环境以及主播格调相谐

网络直播间的空间有限，因此背景大多是墙壁，或者是窗帘，有的也可能是仓储货架。虽然直播间背景很简单，但是对其进行布景依然重要，选准色调是其中的关键。如果背景是窗帘，尽量使用单色或者浅色系，会让人感觉更宽敞。如果是墙壁，则可根据直播风格进行相应处理，比如直播内容轻松活泼，宜将背景墙设计成暖色调；直播内容稳重严谨，宜将背景墙设计成单一的中性色。如果背景是货品，应当简单大方，突出重点，切不可将货架塞得满满当当，以免达不到"琳琅满目"的效果，反而使人觉得凌乱不堪。背景主色调应与整个直播间的风格相协调，更应与主播的格调相协调。这里的"主播格调"主要包括妆容、衣着、色彩搭配等。有的直播间是利用观众的视觉误差直接由"背景布"组合而成的，其构建成本非常低，可以根据直播需要经常更换。

2. 背景设计要兼具外在美和内在美

直播间的背景必须与整个直播间的风格相统一，也必须以直播效果为基本出发点，因此需要把外在美和内在美结合起来。所谓外在美，是指背景设计的基本呈现，或者采用窗帘，或者采用墙壁，或者采用背景布，要让观众一眼就能感受到它的外在美，视觉效果自然得体。外在美构成了观众对直播间的第一印象。如果从更深层次来定位，背景设计还需要体现内在美。所谓内在美，是指直播间的背景设计和主持人风格以及直播内容形成一定的内涵，让人过目不忘。比如，同样是带货直播，高档化妆品和富有地域特色的农产品的内涵不一样，在背景设计上必然有相当的差异性。如果直播销售化妆品，就应当努力发掘主播青春靓丽的特色，以体现主播在"天生丽质"基础上使用化妆品所带来的"意想不到"的效果，带有相当的示范性；如果直播销售农产品，则应在主持人装扮和直播间背景上强调地域风情，以把握大众求新求奇的心理。

3. 注重相关细节，打造意想不到的效果

直播间空间有限，因此对其进行布置装饰时不必追求富丽奢华的风格。通过一些细节的处理，也可以打造让人意想不到的效果。直播间的布置装饰和一般家居的布置装饰有很大区别。对于一般家居的布置装饰，每个人都有自己的爱好，完全可以根据自己的想法自由设计，毕竟经常出入自家住宅的只有自己和家人，具有相当的私密性。而直播间是主播和网友进行互动交流的场所，具有明显的敞开性，很多网友对主播的第一印象往往是通过主播的外貌妆容以及对直播间的感受而获取的。在相关布景设计完成之后，利用适当的道具细节来强化风格，可以产生意想不到的效果。细节具有暗示功能，可以强化网友对主播的认同，从而强化黏性。比如，在游戏直播间，可以适当摆放一些与游戏有关的道具，体现主播对某款游戏的喜好；在动漫直播间，可以摆放一些有趣的漫画

书；在美妆类直播间，可以摆放一些主播喜欢的化妆品。这些小道具，不能简单视为一种嵌入式广告，更应当视为对主播风格、直播间风格的有益补充，极有可能让网友产生意外惊喜，从而获得意想不到的效果。

三、直播间的视听效果

设计直播间的目的是为网友呈现最佳视听效果。因此，在布置直播间时，除了要考虑空间、背景之外，还要考虑摄像头、灯光、音效、网速等一系列要素。

网络直播是通过摄像头与网友进行隔空对话交流的，因此保证良好的视听效果非常关键。视听设备并不是越贵越好，选择视听设备时需要从直播间的实际需要出发。

现在流行高清视频，因此高清摄像头是直播间的标配，以固定支架式的红外摄像头为宜。对于摄像头的角度，一般以水平为宜，从而营造大气、客观的呈现效果。在灯光布局上，要强化明亮、均匀等视觉效果，不能出现暗影、阴阳脸等情况，因此需要处理好主光和辅助光的关系，必要的时候，还需要使用反光布、遮光板等辅助性工具。麦克风的选择也非常重要。优质的麦克风一方面可以保证主播的音质不受损伤，另一方面可以有效避免环境噪声。此外，网络直播是通过网络来呈现的，因此对网速有一定的要求，不能出现掉线或者延迟等现象，否则会给网友带来不好的体验。

一些特殊内容的直播，对技术设备有更高、更专业的要求。比如，电竞直播对设备的规格要求更高，秀场直播需要增加相应的互动性主题道具，才艺表演直播可能需要使用多个摄像头以保证多机位立体展示效果，等等。总体上讲，网络直播的视听效果需要多个因素来保证，任何一个环节都不能"掉链子"，否则效果就会大打折扣。

直播间的设置涉及多个元素，如布景、灯光、音效以及主播的衣着、妆容等，需要通盘把握。直播间要有整体感，这样才能吸引众多的网友。同时，打造直播间的风格时不能只考虑主播的个人喜好，需要充分考虑到与直播内容的对接。

此外，直播间面向的众多网友情况非常复杂，个体差异性也非常明显，而且在操作中也不可能对网友进行精准细分，因此直播间的设计应当体现中和之美，以大多数人能接受为前提，不能过于个性化，也不能过于追求标新立异，如果为了"迎合"小部分网友的喜好而忽略了其他网友，会影响整体的传播效果。

第三节　直播中的造势艺术

从网络直播效果呈现的角度看，人气是根本保障，因此掌握一些必要的造势艺术非常关键。所谓造势，从字面上理解就是制造声势，对于网络直播来说，就是借助一些必要的手段和理念，达到吸引更多网友的目的。造势作为一种艺术手段，在网络直播中发挥着重要作用，应当内化到直播的各个环节乃至整个过程。

一、打造现场感

直播之所以具有相当的吸引力，就在于其强大的现场感染力。从电视传播的角度来看，从录播到直播是传播技术的本质提升，更是传播观念的颠覆式更新。对于传播主体来说，尽管直播和录播相比面临着极大的压力，但是人们依然对直播保持着浓厚的兴趣，并持续不断更新技术和提升理念。

网络直播是直播的最新形态，代表着直播技术和直播理念的双重升级。但是，网络直播与现场直播还是有很大区别的。现场直播能够吸引大量观众参与其中，气氛热烈，互动性强，效果较好。而网络直播虽然也可以通过网络平台进行各种形式的互动，但是总体上还是依靠主播在直播间以"自嗨"[1]的方式来调动网友的参与积极性。因此，网络直播需要充分造势，打造现场感，以最大限度地吸引网友，从而保证直播效果。

1. 网络直播要打造现场感，需要用态度制造仪式感

在直播之前，主播需要做好精心准备，在衣着、发饰、装扮等方面要和家居生活有一定的区分度(有很多网络直播就是主播在自己家里进行的)，制造一定的仪式感，让网友感受到直播的气氛，区别于平常的网页浏览、互动等网络行为。同时，在直播间的管理上也应当到位，不能有与直播无关的人随意进出，更需要防止噪声的出现，让网友充分感受到直播现场的存在。用态度制造仪式感，实际上是在强调主播要充分重视直播活动，网友感受到被尊重，才能积极参与到直播活动中。

2. 网络直播要打造现场感，需要用策略唤醒参与感

网友进入直播间，并不意味着他一定会参与直播活动。有很多网友只是抱着"围观"心态进入直播间，有的网友是误打误撞的"不速之客"，甚至有一些网友只是"挂机者"。主播需要使用相应的策略唤醒网友的参与感。首先，主播对直播内容应有充分了解，把握直播的基本定位和合理卖点，尤其是要和当下的一些热点话题对接起来，在介绍和描述时强调情景化和故事性，从而激发网友的参与感。其次，通过各种手段强化互动感。如果没有互动，对于积极调动气氛的网络主播来说无异于"剃头担子一头热"。除了游戏互动之外，主播还可以采用才艺表演、现场体验等方式激发网友的热情，营造沉浸感。总之，网络直播绝不能成为一场"无人喝彩"的主播个人秀。

3. 网络直播要打造现场感，需要用跟踪服务体现生活感

直播互动都是一次性的，不具有复盘的可能性，但是对于网络主播来说并非如此。

---

[1] 自嗨，网络流行语，就是自娱自乐的意思，形容自己一个人玩得很开心的一类人。

主播的人气和社会认可度是在一场场直播中逐步积累出来的。有很多直播平台希望通过主播的解说、体验、展示等方式达到促成用户下单消费的效果。但是用户下单消费并不意味着活动完全结束，主播或者后台服务者应当对用户进行适当的跟踪服务，让用户感受到贴心服务，同时也让现场感犹如影像"淡出"慢慢结束，让用户回味无穷，从而成为常客。从本质上讲，网络直播绝对不能做"一锤子"买卖。

二、把握节奏感

直播活动时长并不固定，主播不可能自始至终按照一个节奏来直播，用户也不可能在一成不变的节奏中保持观看兴趣。因此，把握好节奏感，是留住用户、保证直播效果的重要条件。

把握节奏感，需要主播事先对直播内容板块进行合理区分。网络直播一般都是长时段播出，只有将内容区分为不同板块，才能打造"文似看山不喜平"的效果。这和板块式广播电视节目(也被称为杂志型广播电视节目)的制作原理相同。在对直播内容进行板块区分之后，需要按照节奏把握每个板块的不同功能定位和直播形式。

一般来说，一档直播节目大致可以分为三个板块。

1. 吸引人气板块

在直播节目开始之后，用户会陆陆续续进入直播间，主播应该想办法留住用户，尽量避免用户流失，并引导这些用户邀请更多朋友加入，以积聚更高人气。这实际上就是为真正的内容直播造势。因此，开场必须精彩。

2. 内容展示板块

内容展示板块是核心板块。积聚足够人气之后，主播应当将所要展示的内容、推荐的产品等及时推出，并注重和用户的交流互动，让用户更好地了解乃至认同相应的内容或者产品，达到传播效果。在这一板块必须展示有价值的内容或产品，才能真正留住用户并吸引他们参与其中。

3. 效果巩固板块

作为直播节目，不可能在内容展示或者用户下单之后就直接关闭直播室，而应当继续和用户保持互动交流，回答用户的问题，强化用户对直播间或者内容、产品的认同度，同时为下次直播的顺利进行做好铺垫，从而实现良性循环。

从直播效果来看，用户不可能在同一时间全部涌入直播间，也不可能连续几个小时持停留在同一个直播间中，有用户不断退出，也有用户不断进入。对于一场直播来说，用户存在极大的变数，因此在直播活动中应当随时把握相应的节奏并进行适度调整，以保证直播效果的基本稳定。为了防止因为用户简单了解直播信息之后马上离开而产生

"溢流"现象，同时也为了避免用户因对直播间内容不了解而快速离开，主播有必要根据实际情况，每隔一段时间对直播的主要内容进行适当总结和预告。适当总结先前内容，是为了让用户迅速熟悉直播间的相关情况；适当预告后续内容，是为了留住既有用户，让他们知道下个板块的直播将更加精彩，或者有"彩蛋"[1]。

三、强化既视感

在现代剧作家曹禺著名的话剧《雷雨》中有这样一个场景：当鲁侍萍来到女儿四凤帮佣的公馆时，对公馆设施产生强烈的认同感，有一种似曾相识的感觉，不由勾起了她三十年前的生活回忆，一场跨越了几十年的人生恩怨就此展开……鲁侍萍触景生情，可谓既视感的体现。

要保证直播间的视听效果，应当强化网友的既视感，这也可以视为网络直播的另一种造势。所谓既视感，是一种心理现象，也称幻觉记忆，指一些事情或者场景虽然没有经历过，但是给人一种仿佛在某时某地经历过的似曾相识的感觉和感受，又被称为"海马效应"[2]。

强化网络直播的既视感，可以从直播间的布景和主播的语言两个方面来体现。

在对网络直播间进行布景设置时，应较多考虑生活场景，在强调大众化的基础上适当体现特色，这样在某种程度上能够唤起网友记忆，使网友产生"似曾相识"的感觉，从而形成既视感。网友对直播间的相关设施产生既视感，自然会延长在直播间的停留时间，为提升直播效果打下初步基础。

在网络直播中，主播可以结合直播内容通过一定的语言表达或者情节设置来唤起大众的情感认同，从而产生既视感。比如，游戏环节的设置，可能是童年经历的再现；故事性讲述，可能折射出人生感悟且与某些人的经历相关。这些都极有可能唤起用户记忆，使其产生既视感。路遥的长篇小说《平凡的世界》中的一些故事情节，唤起读者记忆中的某些生活场景，从而形成励志性教育，这就是既视感的体现。在网络直播中，主播通过相应的故事化或者场景设置表达打造既视感，既可以打造个人形象，也可以强化网友对直播内容的认同。当前学术界较多关注的媒体集体记忆这一话题，在某种程度上给网络直播的"既视感"提供了相应的理论依据和素材来源。

---

[1] 彩蛋是指电影中容易被观众忽略的有趣细节，也指影片剧情结束后，在演职员表滚屏时或之后出现的电影片段，通常是一些幽默场景或是跟续集有关的情节线索。

[2] 法国生理学家艾米丽·波拉克在1867年出版的书籍《精神科学的未来》中第一次定义"海马效应"。人类大脑内有一块区域，形似海马，所以命名为"海马体"。海马体是人类脑内边缘系统的一个组成部分，主要作用是记忆储存、转换以及定向等。海马体是大脑内和记忆运作息息相关的组成部分，随着幻觉记忆被研究者发现，这种现象被人们称为"海马效应"。

第四节 直播中的引流艺术

对于网络直播来说，成功的关键莫过于直播间的人流量。要打造一定规模的人流量，必然要借助一定的引流艺术。平台和主播可通过必要的手段将众多网友引入直播间，并挖掘他们的需求痛点，强化他们对内容或者产品的认同感，从而保证直播效果。

一、合理把握直播时间

从实际情况和生理规律来看，网友的在线时间是相对固定的。"经过对众多视频推送规律的总结和分析，大致有三个比较集中的时间段，分别为早、中、晚。22：00—23：00，峰值为10；12：00—13：00，峰值为8.5；8：00—9：00，峰值为7.9。"[1]这和传统意义上的广播电视传播的"黄金时间"是相契合的。因此，直播节目也需要把握这三个时间段来推送开播，这样才能事半功倍，吸引更多的流量，从而保证直播效果。

具体来说，在8：00—9：00这个时间段，大部分用户正在起床或者吃早餐，也可能刚刚到达工作岗位，他们会有短暂的空闲，再加上经过一晚上的休息，精神状态比较好，心情比较放松，很多用户会打开手机查看昨日的新闻趣事，也会适当进入直播平台。这个时间段的直播主题内容的基调应当以轻松愉快为主。在12：00—13：00这个时间段，正值用户吃午餐或者午休，这是白天中相对比较长的空闲时段。上午的阶段性工作已经结束，用户大脑处于相对放松的状态，浏览不用花费太多时间思考和研究的社会新闻成为多数人的选择。在22：00—23：00这个时间段，用户可能会选择安静下来看书思考，或者躺在床上浏览手机准备睡觉，对外界信息接受度较高。这是网络用户集中上线的时间段，如果平台在这个时间段推送相关深度信息会有较好的效果。对于直播平台来说，合理利用时间峰值进行相关内容的推送传播，不仅可以获得较大的流量，还可以获得良好的效果。不同的直播内容，应当对应不同的峰值时间，这样才能实现有的放矢。

上网时间峰值只是一个参考指标，每个个体乃至群体的情况都有着显著的差别。比如对于学生群体来说，他们在8：00前或者17：00以后才能有相对可以支配的时间，课程直播类节目一般安排在这个时间段为宜；对于普通工薪阶层来说，18：00—20：00可能是他们集中浏览手机的时间段；对于知识分子来说，23：00—0：00可能是他们集中浏览手机的时间段。同时，考虑到南北气候以及生活习惯的不同，各地上网时间峰值也会有一定的差异。平台和主播需要根据直播内容和面对的群体，合理选择直播时间，这样才可能最大限度地吸引用户，实现引流效果。

---

[1] 魏艳.零基础学短视频直播营销与运营[M].北京：化学工业出版社，2020：116.

除了在每天相对固定的时间峰值推送直播节目外，某些特定的时间段也可能成为重要的直播档期，比如，节假日、促销日、淘宝"双11"、京东"618"狂欢节期间推出的直播节目都能收割巨大的流量。又如，4月23日为世界读书日，在这一天前后推出读书类直播节目通常效果比较好。此外，一些国内外大型活动的举办也会在一个阶段内改变大众的作息时间，比如奥运会、世界杯等，在此期间，用户上网时间也会有所不同，直播时间据此适当调整，可能会有新的收获。

二、挖掘网友需求痛点

挖掘网友的需求痛点，也是重要的引流技巧。在挖掘网友的需求痛点之前，网络主播需要事先对网友有初步的了解。下面我们以直播带货为例，简要分析如何挖掘网友的需求痛点。

带货直播间面对的网友大致可以分为三种类型：第一种网友有明确的购物需求，明确自己的购买意向；第二种网友有购物需求，但是不明确自己的购买意向；第三种网友没有明确的购物需求，进直播间只是为了围观，但是在主播的引导下，也可能成为消费者。三种网友的需求痛点不一样，需要主播区分对待，如果方法得当，都可以成为引流对象。

第一种网友的购买意向比较明确，但是他可能更在意商品的性价比或者使用功能，因此主播应当将价格最优、服务最好作为卖点，增强体验感，从而强化他的购买欲，并促成其迅速下单。同时，直播带货并非一次性交易，主播需要强化用户黏性，让其成为"回头客"，比如推出会员制等，购买越多优惠越多，从而使其成为直播间的忠实粉丝。这样引流才最终完成。

第二种网友的购物欲望是存在的，但是他不知道购买什么。比如，他想添置与衣食住行相关的物品以改善生活质量，但是因为可选择余地太大而无从下手。面对这个群体，主播应当动脑筋将其需求具体化，从而明确其购物需求。主播不宜直接推销产品，而应从互动的角度了解其基本想法，比如明确他是想改变家居环境，还是想添置必需品等。如果主播营造这样一种生活场景："大家每天下班之后是不是感到比较疲惫？当你忙碌一天回到家里，点燃这个香囊，五分钟内，柔和清香的气味就会充满整个房间，足以让你放松身心，充分感受家的温暖……"花钱不多，却又能改变家居环境，主播的这一席言语就可能完成引流任务。

第三种网友对产品不感兴趣，没有购买欲望，只是围观而已。针对这种情况，如果主播进行合理引导，也可能将其转变为购买群体。比如，在2019年的一次直播中，"口红一哥"李佳琦推荐了一款男士护肤品，反复说："买给你们的男朋友吧，这款护肤品真的很划算。"但是直播间的女粉丝并没有购买意向，因为他没有抓住粉丝的痛点。在后来的一次直播中，李佳琦又推荐一款男士沐浴露，在介绍完基本情况后，他直接说：

"这款沐浴露真的很便宜,给男朋友买便宜的吧,这样他就不会偷用你的沐浴露了。"很多女粉丝在忍俊不禁的同时,纷纷下单。"被男朋友偷用沐浴露"是女粉丝的"痛点",一旦被击中,自然就会产生购买欲望,这个时候主播就完成了引流任务。

总体而言,只有了解网友的诉求,把握他们的需求痛点,才能完成引流任务,为直播间积累人气,同时引导用户用实际行动参与到直播活动中来。

三、提升语言表达技巧

直播讲究语言艺术,对主播的语言表达技巧提出了较高要求。当前,很多直播平台的主播,要么滔滔不绝,形成"语言暴力",让网友感受到压力;要么翻来覆去重复相同的内容,让网友感到非常乏味;要么只进行内容展示,让网友"自己看""自己听""自己考虑",没有引导性。一个优秀的主播应当在直播间拿捏有度,既能传播信息,又能保持克制。

语言表达的技巧和内涵是吸引网友的重要因素。我们以著名的"小朱配琦"直播为例进行简单分析。在这场全民关注的直播带货活动中,朱广权以其独特的风格和专业的表达受到诸多网友的热烈追捧。尽管朱广权早已经是著名的段子手,但他主要活跃于传统的电视媒体上,并不为广大网友所知晓。为了应对这一情况,他一进直播间就说了一个巧妙的四连押段子:"初来乍到,技术不好,手艺不妙,请多关照,我命由我不由天,我就属于佳琦直播间。"在推荐大家购买湖北土特产的时候,朱广权更是妙语连珠:"激动的心,颤抖的手,推荐什么大家都买走。""烟笼寒水月笼沙,不止东湖与樱花,门前风景雨来佳,还有莲藕鱼糕玉露茶,凤爪藕带热干面,米酒香菇小龙虾,守住金莲不自夸,赶紧下单买回家,买它买它就买它,热干面和小龙虾。"一段话几乎涵盖了湖北的特色小吃,既有流行语,还化用古诗词,一气呵成,毫无违和感。在推荐武汉热干面时,朱广权从武汉的历史入手,娓娓道来:"武汉是历史文化名城,楚文化发祥地,春秋战国以来一直都是中国南方的军事商业重镇,来到武汉有很多地方值得去转转,比如你可以漫步东湖之畔,黄鹤楼上俯瞰,荆楚文化让人赞叹,不吃热干面才是真的遗憾。"在历史的沉浸感中,朱广权话锋一转,回到现实:"热干面看似泼辣,但是热心肠,你需要不断地翻转它、品它,细品才能品出它的滋味,这就叫人间烟火气,最抚凡人心。"末了,朱广权还哼唱了一曲小调:"黄鹤楼,长江水,一眼几千年,老汉口,热干面,韵味绕心间,愿亲人都平安,春暖艳阳天。"就这样,3万组热干面瞬间被网友抢购一空。可以说,朱广权用引流技术和艺术,深深地打动了诸多网友。

很多网友为朱广权的突出表现点赞,殊不知,这种语言表达技巧和能力是建构在大量阅读和生活阅历基础之上的,而且在直播过程中还要倾注真挚的情感。所以说,要成为一名优秀的网络主播并非一蹴而就的事情,而是需要长期的努力和积累。

第六章　网络直播的规范管理

在过去几年里，网络直播得到迅猛发展，在一定程度上改变了大众生活方式。作为新的经济发展模式，网络直播对当前和今后的社会发展影响不可低估。从2016年的"野蛮生长""千播大战"开始，在经过几轮洗牌之后，网络直播逐步回归理性。这一方面是市场竞争的必然结果，另一方面也是规范管理效果的初步彰显。但是网络直播存在的各种问题依然不可忽视，因此规范管理还将长期发挥作用。网络直播的规范管理大致可以分为三个层级：其一是直播平台的自我管理；其二是直播行业的行业规范；其三是直播行业的法律管理。此外，由于直播中的某些行为难以用法律规范，伦理审视也是非常必要的约束。

第一节　直播平台的自我管理

如今，网络直播正朝着定位明确、以深耕内容为主的集约式方向发展，早期的直播乱象在一定程度上得到好转，但若想追求长远发展，直播平台必须时刻强化自我管理。

一、走向理性发展的直播

早期的网络直播准入门槛较低，自律意识较弱，因此呈现出乱象迭出的状况，主要可以从"失德""失范""失真"三个方面去理解。

1. 直播内容低俗而杂乱，行为"失德"

早期的网络直播的准入门槛非常低，主播不需要真实身份认证，甚至不需要提供任何资料，只要有一部手机就可以实现网络直播。一些草根快速蹿红的案例更是刺激着更多的人涌入直播行业，网络直播呈现出繁荣热闹的景象。但是由于直播以眼球经济为前提，以流量经济为旨归，导致各种稀奇古怪、低俗庸俗的内容充斥着各大平台。比如，各种以"大胃王"为卖点的吃喝直播，"一顿饭吃13斤面""一次吃20个汉堡、喝10瓶可乐"。即便是这些以"吃播"为特色的直播平台，也分为"丧命式吃播"和"作假式吃播"，前者是真吃，以身体健康为代价暴饮暴食；后者是假吃，通过药物催吐或者视频剪辑的方式来完成"吃量"。这种依靠"大吃特吃"带来的视觉和听觉的冲击感，刺激着网友的感官，最终收割了巨大的流量。还有以各种情色内容为卖点的直播，奉行"越低俗越快乐"的原则，没有任何底线，丝毫不考虑对广大青少年用户的影响。这些失德行为严重破坏了网络生态，对青少年的健康成长造成极为恶劣的影响。

2. 在公共空间任性妄为，表现"失范"

追究失范行为产生的根源，或者是平台的问题，或者是主播的问题，或者是用户的问题，无论哪种情况都应当引起人们的重视。网络属于公共空间，因此无论是平台、主播还是用户，都应当约束自己的行为，以传达正能量和正确的价值观为基本前提，体现相应的社会责任。比如，有的平台有意引导用户过度消费、高额打赏，从而形成一股不好的风气，甚至有人因为痴迷网上消费、打赏而走上违法犯罪的道路；有的平台不投入精力创作内容，以抄袭和复制别人的内容为主，或者随意剪辑，或者断章取义，形成了侵权行为；有的主播"三观"不正，在直播间信口开河，传播不正确的观点；有的用户认为网上没有人认识自己，是法外之地，在直播间里放肆地使用脏话、粗话来"释放自我"。这些失范行为，都极大地破坏了网络直播生态系统。

3. 唯利是图，内容"失真"

有的平台为了达到吸睛、涨粉的目的，有意识炒作一些未经核实的新闻事件，甚至直接把一些谣言、封建迷信、神秘主义的内容纳入直播间，并将其无限放大，从而产生极为不良的社会影响。有的平台为了丰厚的回扣，直接推送虚假广告信息，在带货直播时直接为假冒伪劣产品站台，甚至虚构数据误导消费者。有的平台通过技术手段进行虚假打赏，并通过水军造势，将主播捧成"网红"，诱骗普通网友打赏。有的平台直播一些所谓的理财课，通过虚构的小故事诱导网民参与所谓的投资理财、网上借贷等，踩着法律法规和政策的红线进行不当获利活动。这些做法，使得网络直播平台充满迷惑性，网友稍有不慎就会"中招"。

网络直播之所以乱象迭出，与网友的侥幸心理、功利心理、猎奇心理等有关。也许有人说，如果每个网络用户都能够保持清醒的头脑，相关网络直播平台也就失去了可乘之机。话虽如此，但由于网民构成非常复杂，而且其网络素养也良莠不齐，不可能要求每个人都能够严格自律。因此，要想破解网络直播乱象，应当正本清源，需要各个层面齐心协力，加强管理。当前，随着一些直播平台良性运转带来的示范效应以及相关职能部门的齐抓共管，网络直播总体上朝着良性、理性的方向发展。

二、对主播和内容的规范

目前，各大网络平台逐渐加大了对主播和内容的规范管理力度，这对于治理网络直播乱象具有正本清源的作用。网络直播平台在自我约束和监管方面的主动积极作为，是直播行业健康良性发展的重要保证。

我们以斗鱼直播平台为例，简单解说平台如何对主播和内容进行规范。斗鱼直播平台根据实际情况，先后发布了《斗鱼直播内容管理规定》《斗鱼视频内容管理规范》

等,并根据行业和业务发展将其整合为《斗鱼平台内容管理规定》[1](以下简称《管理规定》),以实现自我规范管理和约束。《管理规定》对平台下所有的直播间采用"量化计分扣分管理"的管理方式,既有对主播的约束,也有对内容的框范,具有较强的可操作性。

比如,在违规内容方面,依据主播及用户的违规情节,《管理规定》将违规行为划分为严重违规和一般违规两个等级。

严重违规的违法信息包括:反对宪法所确定的基本原则的;危害国家安全,泄露国家秘密,颠覆国家政权,破坏国家统一的;损害国家荣誉和利益的;歪曲、丑化、亵渎、否定、不当调侃英雄烈士事迹和精神,以侮辱、诽谤或者其他方式侵害英雄烈士的姓名、肖像、名誉、荣誉的;宣扬恐怖主义、极端主义或者煽动实施恐怖活动、极端主义活动的;煽动民族仇恨、民族歧视,伤害民族感情,破坏民族团结的;破坏国家宗教政策,宣扬邪教和封建迷信的;散布谣言,扰乱经济秩序和社会秩序的;散布淫秽、色情、赌博、毒品、暴力、血腥、凶杀、恐怖或者教唆犯罪的。同时,《管理规定》还对"禁止的淫秽、色情内容""禁止的暴力、凶杀、恐怖或者教唆犯罪的内容""禁止的赌博、毒品内容"等进行了列举细化。这些"禁止"类的规定,有力地规范了网络主播的言行。

同时,《管理规定》对于平台直播内容以及主播行为规范中的"一般违规"行为也进行了明确列举,例如"带有性暗示、性挑逗等易使人产生性联想的内容""展现血腥、惊悚、残忍、恶心等致人身心不适的内容""严禁直播血腥、暴力、恶心等引起观众视听不适的内容行为""与违法违规行为擦边或破坏社会公序良俗的内容""侮辱或者诽谤他人,侵害他人名誉、隐私和其他合法权益的内容""炒作绯闻、丑闻、劣迹,煽动人群歧视、地域歧视,蓄意引战等内容"等,在每个条款禁止的内容方面,《管理规定》进行了明确细化,从而让每个直播者明确"可为"和"不可为"。

为了真正达到净化直播间的效果,《管理规定》还明确规定:"直播间主播需对所实名注册直播间负责,应确保该直播间中直播行为符合本规范要求。当直播间用户在观播及/或互动过程中、直播间嘉宾参与直播活动过程中存在违反法律法规、内容管理规范的行为时,主播应及时制止该等行为或阻断其传播。若用户或嘉宾行为导致直播间出现违规情形,斗鱼平台有权直接对主播本人采取本规范约定的处罚措施。""经用户投诉举报或平台回查等渠道发现了主播存在历史违规行为,斗鱼平台有权直接对主播进行追溯处罚。"从这些规定来看,用户需要实现自我管理和约束,主播也应当配合平台做好用户的引导、规范工作,否则也要接受相应的处罚。主播应当为直播平台的规范、合法、健康良性负主要责任。

其他网络直播平台也针对实际情况和平台自身发展制定了相应的细则,以对主播和

---

[1] 斗鱼.平台内容管理规范[EB/OL]. https://www.douyu.com/cms/ptgz/202008/06/16147.shtml.

直播内容进行框范。比如《虎牙派对品类公会及主播行为规范》《淘宝直播平台管理规则》《快手直播管理规范》《小红书直播带货管理规则》《Bilibili主播直播规范》等。尽管各个平台的相关规定侧重点不一样,但都是以法律法规、社会公共道德伦理等为基本前提的。可以说,只有在主播和内容方面把握底线思维,才能从源头上保证网络直播走向良性发展的道路。

三、对用户的规范化管理

尽管各大直播平台针对主播和直播内容做出了明确规定,但是很多时候一些主播和直播间的相关违规行为和违规内容仍是屡禁不止,这主要是因为用户的"需求"在一定程度上推动了某些违规行为和违规内容的产生和传播。

网络直播中的违规行为和违规内容在一定程度上放大了人性的丑恶和阴暗的一面,因此,对用户进行适当的规范化管理对于净化网络直播环境至关重要。目前,大多数直播平台都已经落实了用户实名注册,通过相应的"注册协议"等对其进行约束,并且随时进行相应的跟踪,一旦用户有出格的言行就会及时进行处理。

我们仍以斗鱼直播平台为例,斗鱼根据国家相关法律法规以及《斗鱼用户注册协议》《斗鱼用户阳光行为准则》等,制定并发布了《斗鱼用户阳光行为规范》[1](以下简称《行为规范》),并明确规定:"如用户行为违反相关法律法规及本规范规定,斗鱼平台将依照相关法律法规及本规范对违规行为采取合理处理措施,并配合司法行政机关维护斗鱼用户及其他主体合法权益。""对任何涉嫌违反国家法律、行政法规、部门规章等规范性文件的行为,本规范及其他斗鱼平台规则尚无规定的,斗鱼平台将酌情处理。"比如,《行为规范》第十一条规定:"用户斗鱼账号头像、昵称、个性签名等注册信息和认证资料及用户在斗鱼平台上传、发布、传输的所有文字、图片、视频、音频均不得含有违背国家法律法规政策和社会公序良俗、危害国家及社会公共利益、侵犯第三方合法权益、干扰斗鱼平台正常运营的内容。"《行为规范》还列举了若干条用户应当遵循的行为规范,并且明确表达,根据情节严重程度,给予不同程度的五级处罚,具体分为:"1级处罚,警告;2级处罚,禁言;3级处罚,封禁账号1～30天(不含30天);4级处罚,封禁账号30～360天;5级处罚,永久封禁账号并拒绝再次为该用户提供任务服务。"

其他各大网络直播平台也制定了关于用户行为规范的规定。这些规定引导和提醒用户应当注意自己在网络直播中的言行,一旦出现失范或者违规行为,直播平台有权对其进行相应的处罚直至停止为其服务,并通过法律手段追究其责任。

用户在直播平台注册时,平台都会事先告知"用户注册协议"内容,如果用户不同意就不能完成注册,似乎对用户形成很强的约束。但是,由于这个注册协议属于格式合

---

[1] 斗鱼用户阳光行为规范[EB/OL]. https://www.douyu.com/cms/detail/16118.shtml.

同，用户往往不会认真阅读，在这种情况下，注册协议只是各个平台因为"提前告知"而免责的一种手段而已。从这个角度看，仅仅依靠平台来约束用户，还不能从根本上达到净化网络空间的效果，因此，除了平台自律，行业规范、法律管理也应当同步跟进。

第二节 直播行业的行业规范

尽管各个网络直播平台针对主播、内容、用户都制定了详细且具有可操作性的规定，但是依然抵不住直播乱象的出现。在现实中，各个直播平台之间存在明显的竞争关系，有时候适当的"出格行为"可能会成为应对竞争的策略。因此，不少平台认为太过于严苛的规定会损害其经济利益，在执行相应的规定时往往不够严格。在这种情况下，相关行业组织应一视同仁，制定相应的行业规范，只有这样才能对所有平台形成约束。同时，行业规范还有可能促成各个平台在竞争中形成相互监督的局面。

一、行业组织介入规范

所谓行业组织，是指由作为行政相对人的公民、法人或其他组织在自愿基础上，基于共同利益要求所组成的一种民间性、非营利性的社会团体。行业组织致力于维护行业的共同秩序，追求行业的共同利益，同时也在行业成员与政府之间扮演沟通者和协调者的角色，因此相关行业都会加入其中成为会员，接受其相应的约束。

自从互联网成为大众媒体以来，我国先后成立了很多全国性和地方性的互联网协会。比如，成立于2001年的中国互联网协会就是一个关于互联网的全国性行业组织，在推动互联网良性发展方面起到了重要的作用。网络直播属于互联网发展到一定阶段的新形态，自然也会受到中国互联网协会等相关行业组织的约束。目前，全国层面的网络直播行业协会尚未完成注册，但是已经有全国性行业协会注册了与网络直播有关的二级协会(专业委员会)，比如，中国电子商会下面就注册成立了"网络直播与短视频专业委员会"(2018年成立)。此外，全国部分省(自治区、直辖市)如北京、浙江，以及一些城市如深圳等已经注册成立了省级或者市级网络直播行业协会。这些团体在规范网络直播发展方面起到了一定的推动作用。

2020年6月26日，中国广告协会[1]发布了《网络直播营销行为规范》(以下简称《行为规范》)，这也是针对网络直播行业的第一份行业自律文件，其目的是营造良好的市场消费环境，引导网络直播营销活动更加规范，促进网络直播营销业态的健康发展。这

---

[1] 中国广告协会于1983年12月27日至31日在北京召开第一次代表大会时正式成立。中国广告协会是由广告主、广告经营者、广告发布者、广告代言人(经纪公司)、广告(市场)调查机构、广告设备器材供应机构等经营单位，以及地方性广告行业组织、广告教学及研究机构等自愿结成的行业性、全国性、非营利性社会组织。

部根据《中华人民共和国电子商务法》《中华人民共和国消费者权益保护法》《中华人民共和国广告法》《中华人民共和国产品质量法》《中华人民共和国反不正当竞争法》等法律、法规、规章和有关规定制定的行为规范，分别从"商家""主播""网络直播营销平台""其他参与者"等几个方面对涉及网络直播营销的各个主体予以不同程度的规范，对净化网络直播营销环境起到了很好的促进作用。比如针对主播，《行为规范》规定："主播发布的商品、服务内容与商品、服务链接应当保持一致，且实时有效。法律、法规规定需要明示的直接关系消费者生命安全的重要消费信息，应当对用户进行必要、清晰的消费提示。""主播向商家、网络直播营销平台等提供的营销数据应当真实，不得采取任何形式进行流量等数据造假，不得采取虚假购买和事后退货等方式骗取商家的佣金。"这样的规范既是对用户权益的保障，也是对商家利益的保障，同时也能引导主播真正走上健康良性的道路。

此外，各个省区市陆续发布有关网络直播行业的自律类文件。比如《北京网络直播行业自律公约》(以下简称《公约》)早在2016年4月13日由北京网络文化协会正式发布。2016年6月1日，北京网络文化协会在北京市文化执法总队召开新闻发布会，通报《公约》实施一个月以来的落实情况，其中有40名主播因为直播内容问题而永久封禁，涉及多家网络直播平台，无疑是对违规者的严厉警告。2020年6月至7月，浙江省电子商务促进会先后发布了《直播电商人才培训和评价规范》《电视商务直播营销人员管理规范》等，要求电子商务直播销售人员不但要在直播前进行个人购买体验，还要将产品的不利信息在直播中做必要说明。2020年11月，在浙江省电子商务促进会的带动下，《电子商务直播服务规范》在经过征求意见、专家评审、网上公示等程序之后正式发布，成为又一个对网络直播有影响的行业规范。

事实上，各个网络直播平台也意识到，网络直播行业如果想要实现长久发展，就必须严格遵从相应的行业规范。因此，在今后，网络直播行业还将出现更多、更严格的行业规范，这对净化网络直播行业环境，推动直播行业发展将起到应有的作用。

二、直播走向联合自律

除了相关行业组织牵头起草制定与网络直播相关的行业标准之外，各个大型直播平台也意识到，踩踏政策乃至法律法规红线，追求行业发展无异于饮鸩止渴，最终还是要靠自律来实现自我净化，从而走上良性发展之路。

2017年7月8日，第三届"互联网安全与治理论坛"在浙江杭州举行。这次论坛由公安部网络安全保卫局、浙江省公安厅、浙江日报报业集团、杭州市公安局指导，浙报数字文化集团股份有限公司主办，主题为"大数据时代的互联网治理创新"。在这次论坛上，特别举办了网络直播行业自律联盟成立仪式(见图6-1)，由北京网络行业协会会长袁旭阳就成立该联盟的目的、意义、作用进行了详细介绍，成立联盟最终是为了集合行业力量，发挥行业特点，坚持正确价值导向，在弘扬社会主义核心价值观、传播正能量、传播真善美等方面发挥积极作用。由映客直播、斗鱼TV等全国18家直播平台企业代表上台签字并宣誓严格遵守"网络直播行业自律联盟"的章程，共同为规范直播平台自律行为，提高自律水平，实现联盟的自我监管、自我治理，推动直播行业自律标准的建立，为打造绿色健康的直播环境而共同努力。

图6-1　网络直播行业自律联盟成立仪式

2023年5月，在北京市市场监管局、上海市市场监管局、四川省市场监管局及属地区(市)局共同指导下，京东、百度、抖音电商、快手、小红书五家企业联合签署《网络直播和短视频营销平台自律公约》，进一步规范平台、主播、多频道网络(multi-channel network，MCN)机构以及其他直播带货参与主体的经营行为，从而提振消费信心，激发消费活力，保护消费者合法权益，促进业态健康持续发展。

网络直播行业只有从行业上做好自律，才能推动自身的良性发展。走向自律是网络直播发展的重要趋势。

三、竞争中的行业监督

2016年被称为"中国网络直播元年"，几乎在同一时间，几百家直播App同时上线，共同瓜分初兴的网络直播市场。网络直播在初期的迅猛发展有其根本的原因：其一，这种新型的带有很强社交性的表达方式，很好地迎合了青年一代的需求，成为其才艺展示、情感释放等的重要平台；其二，直播的低门槛性以及高效益吸引了大量资本注入。但是，短暂的繁华之后，不少平台纷纷关闭，停止直播业务，有人甚至用"寒冬"来形容一年之后的直播生态环境。这种说法虽然略带夸张，但是，经过多轮洗牌之后，的确有很多直播平台先后关闭或者转型，目前只剩下几十家直播平台还在正常运营。

直播平台从"野蛮生长"逐步走向理性发展，一方面是市场优胜劣汰的结果，另一方面是行业自身净化的结果。在行业自身净化的过程中，除了各个平台对内容、主播、用户等各个方面的约束外，还有各个平台立足于竞争基础上的行业监督。网络直播发展到今天，每个平台都已经明白以流量为主导、追求眼球效应的时代已经一去不复返，如今在用户至上的基础上必须依靠内容来取胜。

直播内容不仅要规范合法，还要有吸引力。各个平台的自我约束，一方面提升了自我发展的底气，另一方面给其他平台树立了榜样。当规模比较大的平台积极进行自我约束并取得较好效果时，能够起到示范作用，会让其他中小平台看到发展的希望，因此也会将以内容为核心、健康发展的理念作为发展的前提。这样一来，各个平台之间实际上形成了一种良性的"相互监督"，从而使行业整体走向理性发展。

当然，直播平台之间的"相互监督"目前还处于一个理想化阶段，它需要相关直播平台以"壮士断腕"的勇气真正回归到以内容为核心的轨道上来，这样坚持下去，必然走向良性循环。平台间相互监督，并不是鼓励各个平台相互恶意举报，以攻击乃至毁灭对方为目的，而是以自律为前提，做好自我规范，进而带动整个行业的良好风气，向整个社会传播正能量，从而真正意义上实现互利共赢。从现实的角度来看，网络直播要根治乱象，进而得到良性发展，除了平台自律、行业相互监管外，还要依靠相应的法律法规来打击违法违规行为，保护合法合规行为，奖优罚劣，这是网络直播长期发展之本。

第三节　直播行业的法律管理

法律法规是现代法治社会的基石。正是因为法律法规的存在和不断完善，"有法可依，有法必依，执法必严，违法必究"才能得到保障。各项法律法规为网络直播行业的良性发展起到了保驾护航的作用，但由于网络直播是一种新业态，近年来呈现出迅猛发展的态势，与此同时，新现象、新问题层出不穷，与直播行业相关的法律法规建设相对滞后。未来，国家立法机关以及相关职能部门还将根据网络直播的实际情况，不断制定、调整、优化相关的法律法规，真正使得法律法规成为网络直播行业的行动准则和利益维护者。

一、法律法规的基本构成

从法律效力的层面来看，任何一个国家或者地区的法律都存在位阶。所谓法律位阶，就是每一部规范性法律文本在整个法律体系中的纵向等级，下位阶的法律必须服从上位阶的法律，所有的法律必须服从最高位阶的法律。在我国，按照《中华人民共和国宪法》和《中华人民共和国立法法》的立法体制，法律位阶共分为六级，从高到低依次是根本法、基本法、普通法、行政法规、地方性法规和行政规章，它们合称为法律法规。法律法规是指中华人民共和国现行有效的法律、行政法规、司法解释、地方性法规、地方规章、部门规章及其他规范性文件以及对于该等法律法规的不时修改和补充。其中，法律有广义、狭义两种理解。广义上的法律泛指一切规范性文件；狭义上的法律仅指全国人民代表大会及其常务委员会制定的规范性文件。在与法规等一起被提及时，法律是指狭义上的法律。而法规主要指行政法规、地方性法规等。相对而言，法律具有更稳固性，而法规体现出因地、因时制宜的特点，是对相关法律的有益补充。

根据我国法律法规的实际情况来看，各个层次的法律法规都有涉及网络直播行业的相关规定，它们共同构成了较为完备的网络直播行业法律法规体系。

《中华人民共和国宪法》是国家的根本法，也是一切自然人和法人的最高行动准则。2017年6月1日，《中华人民共和国网络安全法》正式施行，这是一部关于网络安全的专门性法律，对网络安全和网络行业发展有着明显的促进作用。2020年5月28日颁布，于2021年1月1日正式施行的《中华人民共和国民法典》被称为"社会生活的百科全书"，对网络直播也有宏观性指导和规范。《中华人民共和国刑法》《中华人民共和国民事诉讼法》《中华人民共和国刑事诉讼法》《中华人民共和国行政诉讼法》等有相关条款与网络直播行业有着直接或间接的关联性。《中华人民共和国广告法》《中华人民共和国反不正当竞争法》《中华人民共和国电子商务法》等法律也对网络直播的相关行为进行了保障和约束。

除了国家立法机关制定的相关法律之外，针对网络业和网络直播行业，国务院以及下属各个部委，各个省(自治区、直辖市)都制定了相应的行政法规，从而积极有效地规范网络直播行业的发展。比如，国务院早在2000年就颁布了《互联网信息服务管理办法》，并根据实际情况进行修订。2016年11月4日，国家互联网信息办公室根据网络直播的实际情况发布了《互联网直播服务管理规定》，并于当年12月1日起施行。针对网络直播发展中出现的一系列问题，相关部门应及时通过法规予以引导。比如，2021年2月9日，国家互联网信息办公室、全国"扫黄打非"工作小组办公室、工业和信息化部、公安部、文化和旅游部、国家市场监督管理总局、国家广播电视总局七个部门联合下发了《关于加强网络直播规范管理工作的指导意见》。2021年4月23日，国家互联网信息办公室、公安部、商务部、文化和旅游部、国家税务总局、国家市场监督管理总局、国家广播电视总局七部门联合发布《网络直播营销管理办法(试行)》，自2021年5月25日起施行。

随着网络直播的发展，从国务院各部委到各省、自治区、直辖市再到各个城市，将有针对性地出台相应的管理条例、行政规章等。它们共同构成了网络直播法律法规大家庭，在规范和引导网络直播行业良性发展的同时，切实保护各方正当权益(见图6-2)。

图6-2 对网络直播乱象要"零容忍"

当然，我们也需要认识到，网络直播的法律管理依然任重而道远，这和法律法规的发展现状有着直接的关系。首先，关于网络直播的法律法规位阶层次相对较低，这直接影响其法律效力的体现；其次，网络直播发展迅猛，各种新现象层出不穷，相对而言，法律法规的制定始终存在滞后性；最后，网络直播情况非常复杂，在管理上往往牵一发而动全身，因此在法律管理和执行方面存在一定的难度。正因为如此，对网络直播的法律管理才更不能有丝毫懈怠。只有时刻保持警惕之心，体现责任担当，把握与时俱进的思维，才能推动网络直播行业真正走上法治化管理的道路。

二、网络直播的分类管理

根据网络直播的实际发展情况，相关法律法规对网络直播行业的规范管理可以从多个层面进行相应解读，体现出分类管理的特色。

1. 对网络直播经营者的基本管理

按照法律法规的规定，我国对网络直播经营者采用准入管理制度。比如《互联网信息服务管理办法》明确规定："从事互联网信息服务，属于经营电信业务的，应当取得电信主管部门电信业务经营许可；不属于经营电信业务的，应当在电信主管部门备案。未取得电信业务经营许可或者未履行备案手续的，不得从事互联网信息服务。"

在直播业务运行中，法律法规应明确其相关资质、人员配置、技术条件以及基本功能等，以彰显其社会责任。比如《互联网直播服务管理规定》指出："互联网直播服务提供者应当落实主体责任，配备与服务规模相适应的专业人员，健全信息审核、信息安全管理、值班巡查、应急处置、技术保障等制度。提供互联网新闻信息直播服务的，应当设立总编辑。""互联网直播服务提供者应当建立直播内容审核平台，根据互联网直播的内容类别、用户规模等实施分级分类管理,对图文、视频、音频等直播内容加注或播报平台标识信息,对互联网新闻信息直播及其互动内容实施先审后发管理。""互联网直播服务提供者应当具备与其服务相适应的技术条件,应当具备即时阻断互联网直播的技术能力,技术方案应符合国家相关标准。"

2. 对网络直播内容的基本管理

网络直播本质上还是网络信息服务,相关法律法规对其内容方面进行了明确规定,从而极大地净化了网络空间,保护了大众利益。当前,网络直播乱象迭出,由国家互联网信息办公室等七个部门联合下发的《关于加强网络直播规范管理工作的指导意见》明确指出:"网络直播行业存在的主体责任缺失、内容生态不良、主播良莠不齐、充值打赏失范、商业营销混乱、青少年权益遭受侵害等问题,严重制约网络直播行业健康发展,给意识形态安全、社会公共利益和公民合法权益带来挑战,必须高度重视、认真解决。"这里列举的种种现象,大多还是在内容层面出了问题。2021年5月25日起开始施行的《网络直播营销管理办法(试行)》明确规定:"直播间运营者、直播营销人员从事网络直播营销活动,应当遵守法律法规和国家有关规定,遵循社会公序良俗,真实、准确、全面地发布商品或服务信息""真实、准确、全面"是各直播平台发布相关信息的基本前提。在此基础上,各个直播平台应根据实际情况对内容进行较为细致的规定。在直播内容方面,只有坚持主体责任,以弘扬正能量为导向,才能真正保证直播效果。

在《关于加强网络直播规范管理工作的指导意见》中,对依附于新技术而出现的直播内容,也有明确规定:"网络直播平台应当建立健全信息安全管理制度,严格落实信息内容安全管理责任制,具备与创新发展相适应的安全可控的技术保障和防范措施;对新技术新应用新功能上线具有舆论属性或社会动员能力的直播信息服务,应严格进行安全评估;利用基于深度学习、虚拟现实等技术制作、发布的非真实直播信息内容,应当以显著方式予以标识。"

3. 对网络直播用户的基本管理

用户在某种程度上是网络直播行业的"衣食父母",决定着这一行业的经济前景和未来发展,尽管如此,网络直播平台也不能完全迎合用户的想法和需求,依然应当按照法律法规对其进行相应的管理。网络直播平台对用户的有效管理,也是提升其网络素养的必要手段。

2015年2月4日,国家互联网信息办公室发布《互联网用户账号名称管理规定》,并于2015年3月1日起施行,明确要求在账号名称、头像和简介等注册信息中不得出现违法和不良信息,并在第五条明确指出:"互联网信息服务使用者注册账号时,应当与互联网信息服务提供者签订协议,承诺遵守法律法规、社会主义制度、国家利益、公民合法权益、公共秩序、社会道德风尚和信息真实性等七条底线。"2019年12月15日,国家互联网信息办公室发布《网络信息内容生态治理规定》,并于2020年3月1日起施行,该举措被评选为"2020年中国网络安全大事件"。这一法规专门用了一章内容来规范"网络信息内容服务使用者",它规定:"网络信息内容服务使用者应当文明健康使用网络,按照法律法规的要求和用户协议约定,切实履行相应义务,在以发帖、回复、留言、弹幕等形式参与网络活动时,文明互动,理性表达,不得发布本规定第六条规定的信息,防范和抵制本规定第七条规定的信息。"2021年颁布的《关于加强网络直播规范管理工作的指导意见》也明确规定:"网络直播用户参与直播互动时,应当严格遵守法律法规,文明互动、理性表达、合理消费;不得在直播间发布、传播违法违规信息;不得组织、煽动对网络主播或用户的攻击和谩骂;不得利用机器软件或组织'水军'发表负面评论和恶意'灌水';不得营造斗富炫富、博取眼球等不良互动氛围。"

同时,相关法律法规还对网络直播用户中的未成人保护提出了具体要求。《关于加强网络直播规范管理工作的指导意见》规定:"网络直播平台应当严禁为未满16周岁的未成年人提供网络主播账号注册服务,为已满16周岁未满18周岁未成年人提供网络主播账号注册服务应当征得监护人同意;应当向未成年人用户提供'青少年模式',防范未成年人沉迷网络直播,屏蔽不利于未成年人健康成长的网络直播内容,不得向未成年人提供充值打赏服务;建立未成年人专属客服团队,优先受理、及时处置涉未成年人的相关投诉和纠纷,对未成年人冒用成年人账号打赏的,核查属实后须按规定办理退款。"

三、违法违规行为的惩处

有人认为我国的法律法规"限制有余,保障不足",殊不知,设置诸多"限制"其实是为了"保障"更多人的利益。我国关于网络直播的法律法规较为丰富,为净化网络环境、保护广大网民利益提供了切实保障。针对网络直播中出现的各种违法违规行为,相关法律法规也作出了明确的惩处意见。总体上看,惩处意见大致可以分为三级:第一,根据违法违规程度进行数额不等的罚款,并限时予以整改修正;第二,限制使用直至不得使用互联网服务以及网络直播平台;第三,由相关机构进行民事、刑事处罚。在实际惩处中,三种惩处意见通常是结合使用的,以确保法律法规的实际效力。

根据违法违规程度实施数额不等的罚款,主要是为了通过经济手段来框范相关机构或者法人的行为,促使其回到正常的互联网信息服务轨道上来。《互联网信息服务管理办法(修订草案征求意见稿)》第三十七条规定,对于没有经过职能部门批准擅自进行网络直播服务的,"由电信主管部门责令互联网网络接入服务提供者停止为其提供接入服务,没收违法所得,可以并处50万元以下罚款"。对法律、法规禁止发布或者传输的信息未停止传输、采取消除等处置措施、保存有关记录的,"由网信部门、电信主管部门、公安机关或者其他有关部门依据各自职责给予警告,责令限期改正,没收违法所得;拒不改正或者情节严重的,处10万元以上50万元以下罚款,并可以责令暂停相关业务、停业整顿、关闭网站、由原发证机关吊销相关业务许可证或者吊销营业执照,对直接负责的主管人员和其他直接责任人员，处1万元以上10万元以下罚款"。罚款数额有较大的浮动性，主要是根据违法违规行为的程度进行量化处理。

对于限制乃至不得再提供互联网信息服务的相关惩处，应根据违法违规程度不同予以区别对待。《互联网信息服务管理办法(修订草案征求意见稿)》第四十九条规定："国家设立互联网信息服务黑名单制度，被主管部门吊销许可或取消备案的组织和个人，三年内不得重新申请相关许可或备案；被主管部门责令注销账号、关停网站的组织和个人，相关互联网服务提供者三年内不得为其重新提供同类服务。"第五十条规定："违反本办法规定，对他人造成损害的，依法承担民事责任；构成违反治安管理行为的，依法给予治安管理处罚；构成犯罪的，依法追究刑事责任。"《网络直播营销管理办法(试行)》第十四条第三款规定："直播营销平台应当建立黑名单制度，将严重违法违规的直播营销人员及因违法失德造成恶劣社会影响的人员列入黑名单，并向有关主管部门报告。"

由相关机构进行民事、刑事处罚也是对网络直播中违法违规行为的处罚，同时也是最高层次的惩处。网络直播相关的法律法规明确规定："违反本办法规定，对他人造成损害的，依法承担民事责任；构成违反治安管理行为的，依法给予治安管理处罚；构成犯罪的，依法追究刑事责任。"《中华人民共和国治安管理法处罚法》《中华人民共和国民法典》《中华人民共和国刑法》等都针对网络违法行为作出了明确规定。《中华人民共和国刑法》第二百八十六条针对"拒不履行信息网络安全管理义务罪"如此规定："网络服务提供者不履行法律、行政法规规定的信息网络安全管理义务，经监管部门责令采取改正措施而拒不改正，有下列情形之一的，处三年以下有期徒刑、拘役或者管制，并处或者单处罚金：(一)致使违法信息大量传播的；(二)致使用户信息泄露，造成严重后果的；(三)致使刑事案件证据灭失，情节严重的；(四)有其他严重情节的。"第二百九十一条针对"编造、故意传播虚假信息罪"，如此规定："编造虚假的险情、疫情、灾情、警情，在信息网络或者其他媒体上传播，或者明知是上述虚假信息，故意在信息网络或者其他媒体上传播，严重扰乱社会秩序的，处三年以下有期徒刑、拘役或者管制；造成严重后果的，处三年以上七年以下有期徒刑。"

无论是网络平台的运营者、网络直播信息提供者，还是网络直播用户，都需要为自己的违法违规行为承担后果，接受相应的惩处。当然，惩处不是目的而是手段，最终的目的是营造和维护风清气正的网络空间，使其成为向大众传达有效信息和正能量的平台，切实保障大众的权益。

第四节 直播行业的伦理审视

网络直播通过网络实现人与人之间的连接，因此网络直播管理本质上还是处理人与人之间的关系。从这个层面上看，主要涉及伦理问题。同时，对于网络直播中的相关失范行为,很多时候很难用法律法规进行框范,用伦理道德对其进行审视具有相当的现实价值。

一、直播行业的伦理内涵

网络直播作为当前比较时尚的行业,不仅在现实生活中有着巨大的社会影响力,还能催生惊人的经济效益。因此,与其相关的伦理道德格外为人们所关注。尽管说网络直播本质上是处理人与人之间的关系,但它毕竟以数字技术为中介,甚至还有AI技术合成的虚拟人的存在,这使得与网络直播相关的伦理道德与现实生活中的伦理道德存在一定的区别,或者说,网络直播涉及的伦理道德的内涵与外延比一般意义上的伦理道德更为宽泛而复杂,具有自身的特殊性。

网络直播伦理道德的特殊性主要体现两个方面。一方面是所处的环境特殊,即虚拟的现实,它是由计算机、远程通信技术等构成的网络空间世界,与现实物理世界有很大的区别。在虚拟空间中,存在虚拟的一切,不仅有虚拟人(virtual human)、虚拟社会(virtual society)、虚拟共同体(virtual community),而且还有虚拟全球文化。在虚拟环境中产生了虚拟的情感,进而诞生了具有虚拟性质的伦理道德。当然,虚拟并不等同于虚无,它只是以一种特殊的方式存在。虚拟的伦理道德也不是凭空设想,而是人类伦理道德在数字环境中的延伸。另一方面是交往的方式特殊。网络直播中的交往具有虚拟性和数字化的特点,使得人们之间的交往范围无限扩大,交往风险也大大降低,交往具有全时性、随机性和不确定性。这使得我们用传统意义上的伦理道德对其进行简单评判变得非常困难。

网络直播是网络文化的重要组成部分,需要秉承网络伦理学的三大基本原则:一是资源共享原则,只有实现资源共享,才能真正达到互利互惠的传播效果;二是一致同意性原则,网络交往涉及多个主体,一致同意原则体现了权利与义务的对等性;三是自律性原则,既然是一种交往关系,那么只有每个主体都遵循自律自觉的原则,才能最终达成自己的目的。

网络直播伦理涉及多个方面,包括善恶、应当、价值、平等、信用等。

"善恶"是网络直播伦理必须遵循的范畴。善恶观是人类社会正常有序运转的重要保证。一般来说,用来维护网络安全、维护网络规范、提供正当网络服务的行为就是"善";反之,危害网络安全、利用网络攻击他人或者影响他人正当权益的行为则为"恶"。

"应当"与"不应当"是网络直播伦理需要思考的范畴。美国计算机伦理学会规定的"十戒"成为网络行为的典型规范,这对网络直播行为也具有相当的参考性:你不应用计算机去伤害别人;你不应干扰别人的计算机工作;你不应窥探别人的文件;你不应用计算机进行偷窃;你不应用计算机作伪证;你不应使用或拷贝你没有付钱的软件;你不应未经许可而使用别人的计算机资源；你不应盗用别人的智力成果；你应该考虑你所编的程序的社会后果；你应该以深思熟虑和慎重的方式来使用计算机。

"价值"应当成为网络直播伦理考察的重要范畴。我国自古就有源远流长的诗教传统，讲究经世致用，因此实用价值往往成为人们行为选择的重要标准。随着时代的发展，休闲娱乐成为大众生活的重要构成，因此很多选择的实用价值被削弱，但是这并不意味着人类已经放弃价值选择。对于网络直播来说，实用价值是为了人们在现实生活中更好地引导它；而"无害原则"是为了人们的价值观念不因网络直播的某些引导而产生偏差。

"平等"在网络直播中具有自身的伦理价值，体现在每个用户可以凭借自己的身份注册并"匿名"进入各个直播间进行交流，这在一定程度上消解了现实生活中因为教育背景、人生经历、个人财产、身份地位带来的各种不平等。当然，各个网络直播间依托于算法技术而形成的算法推荐进而导致"茧房化"，造成事实上信息传播的不平等，属于另外一个层面的话题。

"信用"是关涉网络直播伦理的重要范畴。网络直播的兴盛在很大程度上源于个人间的信用以及个体对平台的信任在逐步增强。尽管网络协议要求每个用户都需要向平台提供个人真实的基本信息，但是这并不意味着信用的脆弱，相反，网络信用是网络直播得以持续发展的重要保障。无论是主播、用户还是平台，一旦滥用或者无限透支信用，最终只能自食其果。

二、直播行业的伦理失范

我国是礼仪之邦，道德伦理在调整人际关系方面发挥着非常重要的作用。但是，现实生活中总会有道德伦理失范现象的存在，网络文化本身具有的虚拟性又在一定程度上放大了这些失范行为，这给网络文化正常良性发展带来诸多困扰。网络直播作为网络文化的最新代表，其中出现的伦理失范行为更需要引起人们的格外关注。

网络直播的伦理失范涉及的内容非常复杂，既有人际关系方面的，也有产品内容方面的，还有技术对现实的冲击等。考虑到实际情况，这里主要从网络乱象的角度来审视人的主体性、内容属性、平台管理等方面。

1. 主播追名逐利放大自我欲望，给青少年带来不好的价值导向

网络直播为个体实现自我价值提供了新的平台，越来越多的普通人借助直播成为炙手可热的"网红"。这中间自然有个人努力的成分，但是如果媒体放大其中的偶然因素，可能会对青少年产生不好的价值导向。同时，主播作为"个人经营者"，也需要通过直播平台盈利，用户的打赏和平台的分成可以使其获得丰厚的经济收入。这使得有些主播在名利双收的诱惑下竞相追求"一夜爆红"的路径，甚至通过不当炒作以增加自身的关注度，对社会造成不良影响。

2. 直播内容为了追求流量，存在低俗猎奇的成分

尼尔·波兹曼指出："互联网时代正在构建一种娱乐化的大众媒介，这种媒介提供的肤浅甚至恶俗的快乐是欲望发泄式的，是缺乏思索和精神参与的，几乎所有的文化内容都心甘情愿地成为娱乐的附庸。"[1]有些直播间为了增加人气，对低俗内容进行直播以达到吸引大众眼球的目的，从而造成文化的畸形传播。网络直播具有相应的娱乐作用，但是通过低俗、恶俗、媚俗的内容来满足部分用户的低级趣味和单纯的感官刺激，却有悖于正常的道德伦理，更是与社会主义核心价值观相悖。

3. 网络狂欢中的语言和行为失范

在网络直播中，用户主要是通过"弹幕"与主播以及其他用户进行沟通交流，网络的相对匿名性会放大用户内心深处的"小我"，语言中暴力、色情字眼并不少见，同时还有很多缺乏理性和违背道德伦理的言论也会对他人产生不良影响。有些用户为了博取主播的关注和好感，更是通过高额打赏、大量购买主播推荐的商品等以彰显内心的满足。这些失范言行使得网络的清朗空间受到很大冲击，同时也对青少年成长极为不利。

4. 直播平台通过数据造假等方式来吸引用户

网络直播本质上是数字经济，相关数据包括粉丝数量、成本价格、成交金额等都会对用户产生相应的吸引力。由于用户很难对数据真假进行甄别，大多选择信任平台，如果平台进行相应的数据造假，那就是对用户真正知情权的侵犯。为了积聚人气、吸引用户，很多网络直播平台虚构观众人数、送"僵尸"粉丝等。例如，2023年，某女主播在直播中推销女性用品，直播间显示有44.5万人观看，但是实际观看人数只有8235人，直播间抢购氛围很夸张，实际上成交量为0。类似这种违反伦理的行为理所当然要受到当地市场监督管理部门的惩处。

三、坚守直播的伦理底线

网络直播伦理失范的原因很复杂，大致可以从传播平台、传播者、接受者三个层面来思考。首先，从传播平台来看，主要体现为责任伦理失范。平台作为传播媒介，以利益至上为前提不择手段进行恶性竞争，同时把关人角色失守、监管制度缺位，这是导致直播乱象的重要原因。其次，从传播者层面来看，主要体现为网络主播价值伦理失范。网络主播个人素养不足、价值观失衡、社会责任感淡薄，也是导致直播乱象不可忽视的原因。最后，从接受者层面来看，主要体现为直播用户审美伦理失范。部分直播用户审美观低俗化，尤其是在网络匿名化的前提下有意放松自我约束，个人价值观扭曲，精神追求错位，这些也是直播乱象的根源之一。

---

[1] 尼尔·波兹曼. 娱乐至死[M]. 章艳, 译. 桂林：广西师范大学出版社，2011：43.

要解决网络直播伦理失范的问题,守住直播伦理的底线,可采取以下措施。

1. 构建网络直播伦理原则

在现实交往中,人与人之间应相互尊重理解,在虚拟的网络中,也应遵循这一人际交往原则。在直播中,言语摩擦不可避免,但随意中伤他人则有悖伦理道德。比如,用户在观看直播过程中发布伤害他人的言论,因打赏向主播提出非分要求等。主播不能为了获得更多的利益而传播不利于用户身心健康的内容,主播可以根据直播的内容提示用户打赏,但不能怂恿用户过度打赏。此外,网络直播平台的良好运营发展离不开用户的努力,他们观看网络直播虽有着不同的目的,但要想保证网络直播的正常运营,参与者构建自律意识、慎独意识是十分必要的。

2. 培养网络直播参与者的责任意识

直播的参与者包括主播和用户,他们都需要自觉遵守基本的道德伦理,强化自身的责任意识,提升网络媒介素养,不发表有悖于道德伦理的言论,不越过道德底线牟取不当利益。网络主播是直播的主角,也是虚拟世界里的"意见领袖",不仅要严于律己,做好示范,同时也要适当引导直播间的用户。用户是直播信息的接受者,同时也是监督者,在约束好自我言行的同时,对于虚假直播、暴力直播、低俗直播要大胆抵制,并利用必要的手段来维护网络世界的清朗。

3. 完善对网络直播平台的管理

网络直播屡屡出现伦理失范行为,在很大程度上是因为当前监管力度较弱、监管队伍素养有待提高。作为最直接的把关人,网络直播平台除了强化监管队伍建设外,更要利用相应的技术手段来完善监管机制。比如利用大数据、云计算和人工智能等手段,对直播中的不良问题进行过滤或者预警。同时,利用技术手段来完善网民的举报机制,网民一旦发现不良信息可以直接举报,从而杜绝网络直播中的失范内容或言行。

4. 推动网络直播伦理向法治转化

网络直播作为一个新生事物,相关法律法规的建设存在一定的滞后性,直播管理存在一定的难度,直播伦理的边界比较模糊。同时,直播伦理属于道德范畴,不具有强制性,更多依靠传播者和接受者的自我约束,现实效力比较有限。因此,在未来的网络直播管理中,可以适当将伦理失范的言行上升为法律法规禁止的言行,从而有效提升监管力度,进而保障网络直播的良性发展。

第七章　网络直播案例解析

经过几年的发展，网络直播走过了初期的迅猛发展阶段，转向当前的追求品质化发展阶段，这是竞争的必然结果。一些具有代表性的直播平台、直播案例给当前的网络直播提供了示范的样本，也提供了反思的视角，促使我们进一步思考网络直播艺术的未来发展。

第一节　微信视频号直播

微信视频号是2020年1月由腾讯公司推出的短视频平台，同年10月，视频号上线直播功能。视频号内嵌于微信社交生态，和微信朋友圈捆绑在一起，为创作者提供了全新的内容记录和创作平台，同时也填补了微信在直播领域的空白，产生了较大的社会影响力。

一、视频号直播平台介绍

根据第三方机构Quest Mobile发布的《2022中国移动互联网半年报告》，2022年6月，微信视频号月活规模突破8亿，抖音突破6.8亿，快手突破3.9亿。在2023年微信公开课PRO上，视频号团队介绍："2022年总用户使用时长已超过朋友圈总用户使用时长的80%，视频号直播的看播时长增长156%，直播带货销售额增长800%。"[1]

视频号直播之所以能在短短三年时间获得如此亮眼的成绩，主要原因还在于其背靠微信这样的社交媒体，微信生态内的所有资源都可以成为视频号直播引流的工具。例如，用户可以随时将视频号直播分享到微信朋友圈、公众号、社群等渠道，借助用户私域池撬动流量增长，并且在微信发现页也可直接进入直播广场，广场内则有微信公域流量的加持。自该产品诞生伊始，微信几乎就将所有优质流量入口都开放给了视频号直播，因而视频号直播的迅猛走红既在意料之内，也在情理之中。正是看到了其在收割公私域流量方面的巨大势能，各大品牌、商家、媒体等纷纷布局视频号直播，希望拓展新的流量市场。

事实上，视频号并不是一开始就涉足直播业务，而是经历了渐进式的发展过程。2020年6月，诞生仅半年的视频号进行了一次大规模改版，首页分为关注、好友点赞、

---

[1] 印婧. 视频号使用时长超过朋友圈，视频号直播未来将投入50亿流量[EB/OL]. https://www.lanjinger.com/d/200388，2023-01-10.

热门与附近四个入口，而这分别对应的是兴趣、社交分发、算法和地理位置推荐。2022年1月24日，微信视频号上线首个付费直播间，内容为NBA常规赛。在直播间，用户可以免费观看3分钟，3分钟后需要支付90个微信豆(1元=10个微信豆)才能继续观看。2022年2月1日，微信发布2022年除夕数据报告，在除夕当晚，超过1.2亿人通过微信视频号"竖屏"看春晚。2023年6月，针对不同年龄段青少年在生活、学习中对知识内容的差异化需求，微信青少年模式上线"视频号青少年内容分级"功能。相对很多直播平台而言，微信视频号直播起步较晚，但是它以强大的微信朋友圈作为后盾，大有后来居上之势。

二、视频号直播运营策略

相较于2020年的自然生长状态，视频号直播在2021年开始蓄力爆发，且打法逐渐明晰，即通过爆款[1]内容突破用户圈层，养成用户习惯，再通过可复制的爆款内容方法论不断拓展商业化边界。

1. 内容传播：打造爆款内容

视频号直播成长初期，尽管有微信自身的流量加持，但几乎无传播爆点，流量入口虽多却难以长时间留存用户，而其他成熟的直播平台经过多年的运营，已经拥有了自身的产品特色和具有相当规模的关键意见领袖(key opinion leader，KOL)、关键意见消费者(key opinion consume，KOC)沉淀，所以从用户留存层面来看，视频号直播难以形成独特的优势。

从2021年开始，视频号直播开始向内容发力，试图通过爆款内容培养起用户的使用习惯。2021年12月，西城男孩在视频号直播开启线上演唱会，演唱会前一周，视频号官方就开始进行宣发并配合朋友圈定向投放，为直播积累了近50万用户。演唱会开始后，更是触发了一波"集体回忆杀"，大量用户在朋友圈推送直播链接，刷屏追忆青春，最终这场100分钟的演唱会吸引了2800万用户在线观看，点赞量超过1.6亿次，"爷青回"[2]"西城男孩""平凡之路"等多个词条也在直播当晚登上微博热搜。这一爆款内容的产生，既得益于主办方的流量造势，也有赖于普通用户的自发关注，是公域与私域合鸣的结果。2022年4月15日，中国摇滚歌手崔健在微信视频号举行演唱会"继续撒点野"，三个小时的演唱会吸引了超过4400万人观看，体现了视频号直播的巨大流量(见图7-1)。

---

[1] 爆款是指在商品销售中，供不应求、销售量很高的商品。
[2] "爷青回"属于网络流行语，是"爷的青春回来了"的简略语，形容与青春久别重逢的喜悦，带有满满的怀旧感。

图7-1 崔健"继续撒点野"微信视频号演唱会海报

2. 用户运营：延伸传播链路

坊间曾有戏言称视频号是"中老年人的抖音"，因为它内嵌于微信内部，更方便中老年人使用，但经过几场刷屏的演唱会之后，年轻人也开始培养起在视频号看直播的习惯。为了留住通过爆款内容沉淀下来的年轻用户，视频号直播开始借助微信生态的老牌流量产品，如公众号、小程序、朋友圈、社群、企业微信等来承接和运营这部分新用户，最终实现商业变现。

视频号直播广场中最主要的直播形式就是商业带货，用户进入直播间后可以添加商家的企业微信或公众号，通过一对一的服务、活动策划等建立起情感连接。这种"半熟人"式的运营方式有利于降低消费者对商家的不信任感，更容易促成交易转化，同时用户也会成为传播活动中的节点，继续在个人朋友圈为产品和直播宣传，如此一来就延伸了整个传播链路，使直播活动不再止步于直播间内的一次性交易。从某种程度来说，视频号直播如同微信的"毛细血管"，不断将"新鲜血液"(用户)输送到微信内的各个"组织"(公众号、小程序、企业微信)中，使这些用户持续创造价值。如果进一步解读，我们可以将视频号直播视为微信大系统组合拳中的一环，它们环环相扣，相互影响、相互促进，从而牢牢把握住大量用户。

3. 直播特色：最大限度提升影响力

作为网络直播的新秀，如何聚集人气是视频号直播需要重点考虑的问题，否则就只能消失在直播的洪流中,因为在直播行业的激烈竞争中,已经没有任何成长期可言,新产品一旦亮相就要成为"参天大树"。

(1) 打通微信朋友圈、社群是视频号直播的重要优势。对于直播主体来说,视频号直播最具吸引力的功能就是可以将直播一键分享到朋友圈和社群中,当直播内容对用户具有较高价值时,用户就会产生分享欲。比如,西城男孩演唱会、崔健演唱会激发了用户的怀旧情绪,因而在直播当天形成了朋友圈刷屏之势。同时,朋友圈病毒裂变式传播可以让更多用户快速进入直播间,反向为视频号直播引流。这种双向循环能够为直播间持续带来新用户和热度,避免让直播间成为熟人自娱自乐的空间。

企业微信4.0新品发布会后,企业微信与视频号全面打通。这意味着企业在视频号直播间就可以直接向观看者推送企业微信名片,拓宽了企业与用户的交易场景,让公域流量能够快速向私域流量转化。在竞价流量成本日益攀升的今天,建立公私域双循环的流量系统,可以突破企业过往与用户的单次交流,通过社交连接建立起与用户的长期联系和信任关系,让用户在企业的私域池内闭环流动,实现可持续增长。

视频号直播还允许主播在直播间推送任意公众号文章或进入公众号主页,在讲解关键内容时以图文形式为用户提供更多决策辅助信息,深化用户对产品及品牌的认知。这是引导公域流量向私域流量转化的又一手段。同时,公众号粉丝也可以转化为视频号的流量资源。直播主体在推出直播时,关注公众号的用户会同步收到开播提醒,公众号头像附近也会打上"直播中"的标识,粉丝可以通过公众号直接跳转进入视频号,实现公众号粉丝向视频号的导流。如此一来,原本静态的流量资源就被盘活了,能够有效增强传播主体的粉丝黏性和互动率。

(2) 开启直播预告是视频号直播的重要环节。视频号直播具有预约功能,主播在开播前可对参与观看直播的人数进行预判,根据观看规模提前规划直播时长、直播流程以及确定需要展示的产品或服务信息。预约数据也可成为直播主体与广告主洽谈的筹码。例如2022年6月,视频号邀请到美国著名男子音乐组合后街男孩(Backstreet Boys)开启全球首场线上演唱会,宣发一出,就有近60万人在视频号预约了这场直播。作为演唱会的独家冠名商,林肯汽车也在此次演唱会中收获了大量关注。就在演唱会正式开始之前的半小时预热时间里,五位成员不仅坐在豪车内畅聊,还各自举着汽车图片分享不同型号的产品,而预热时间观看人次已经突破了700万。

尽管预告功能给直播运营带来了新思路,但视频号直播开播的前置预热手段仍然较少,视频号自带的直播预约功能也只能呈现该场直播的开始时间,无法展示直播标题、封面图等关键信息,不利于激发用户的好奇心,用户的预约欲望较低。此外,视频号的直播预约功能仅支持对下一场即将开始的直播开放预约,这致使很多排期靠后的直播无法提前开启预约,前置的预热运营环节受限。当直播排期较满时,无法进行长线预约运营,直播容易陷入"冷启动"的困境,对直播效果可能产生不利影响。这是视频号直播运营未来需要重点思考的问题。

（3）添加广告组件使得视频号直播获得更高的人气。企业可以在视频号直播间配置微信广告组件，用户在直播间就能够点击推广落地页购买商品或接受服务。这实际上打通了内容推广与产品转化之间的衔接，缩短了品牌宣传和产品销售的链路，对于企业来说，这是降本增效的有力途径，对于用户来说，则能获得"所见即所得"的购物体验。同时，营销成本的降低也会相应反馈到商品定价端，低成本、低定价的模式反过来又会刺激用户消费，最终形成企业、消费者良性共赢的态势。比如，国内著名女鞋品牌百丽就以视频号直播为营销阵地，其直播间内的商品定价和线下实体店铺及其他电商平台的定价相比，便宜近百元。百丽在入驻视频号直播的短短半年时间，直播间网站成交金额（gross merchandise volume，GMV）就已累计数千万元，而间接网站成交金额更是达亿级。

三、视频号直播营销读解

直播的最终目的是吸引用户观看并促成转化，因而在运营视频号直播时，也应当结合视频号以及微信生态的特点，采取有别于其他直播平台的"吸粉"策略，打造差异化营销，如此才能获得良好的传播效果。

1. 长时段高质量直播，做好持续引流

首先，长时段直播能够保证当广场推荐和朋友圈分享真正触达用户时，用户还能进入直播间，引流完成率高，这样才能持续长久地吸引新用户进入直播间观看，让用户人数不断累积。例如，央视新闻视频号的"庆祝中国共产党成立100周年大会"直播就长达4小时7分钟，在直播过程中不断有新用户进入直播间观看，直至庆祝大会直播结束，整场直播的观看人次达2666万，观看人数达1666.5万，单场直播新增关注者超48万。朋友圈分享不能保证"朋友"在第一时间看到直播，这是长时段直播存在的重要前提。

高质量直播不仅要求直播内容本身对用户具有重要价值，还对直播的技巧、设备等提出了较高的要求。低质量的擦边内容、无趣的生活分享、虚假的商品展示都无法长久留存用户，还会对账号本身的公信力造成损害，因此直播主体在进行直播前，要对自己的直播内容做好清晰明确的规划和定位，以真实、高质的内容吸引用户驻足。另外，5G、8K等互联网技术的应用将直播带入高速、高清、低时延的时代，提升了用户的观看体验，在这样的背景下，直播主体也应该积极拥抱新技术，接入优质直播设备，并不断提升直播技巧，以此激发用户的收看和分享欲望。例如，2022年7月，人民网视频号与中国电信合作，采用5G技术对问天实验舱发射进行了全程直播，直播期间共切换了远景、中景、近景等多个视角，为用户带来了优质、全方位的观看体验。

2. 精准推流，提升直播热度

主播的人气、直播的质量、商品的优惠力度等因素都会影响直播间的观看人数和热度，这些属于内部因素。但是，要想快速吸引用户注意力，获得良好的直播效果，仅靠内部要素是远远不够的，外部的流量运营同样重要。这提醒直播主体在进行流量运营时，要注意在恰当的时间点、合适的场景下进行精准推流。尽管视频号直播的加热和朋友圈投放功能都能够选择年龄、性别、城市、兴趣等标签进行精准定向推送，但是运营者本身也要善于把握用户活跃时段，选择在恰当的投放时机进行强势流量灌注。例如，央视新闻视频号的"庆祝中国共产党成立100周年大会"直播，就是在用户活跃度较高的时间段(7：30左右)进行精准投放的，在7：30—8：30这个时间段，观看用户数量急速增长，引流效果显著。

3. 兰蔻品牌日直播的微观分析

2023年的88品牌日，兰蔻在视频号开启了一场近乎全天候的超长直播，通过这场直播购买商品的新客户占比超过40%。以往，小程序一直是兰蔻在微信端的重要销售渠道，品牌将小程序商城与其在公众号沉淀的资产相结合，引导用户在微信内部形成购物闭环，因此直播的作用以服务老客户、拉动商品复购率为主。这种营销策略实际上浪费了视频号直播的亿级公域流量，无法为品牌带来持续的销售增长。在这样的背景下，兰蔻在88品牌日这天开启了视频号直播，尝试将小程序中的老用户引流到视频号直播间，将新老用户聚集成一个更大的流量池，以此获得直播广场更多的曝光和推荐，从而带来持续的流量增长。在这场直播中，品牌方主要采取以下三个运营"动作"。

(1) 品牌日当天，兰蔻调整了直播节奏，从以往只安排2~4小时不等的中短时直播，变成从9：00至24：00的超长直播，并为此安排了三组人员进行轮班，让用户可以随时进入直播间购物，从而形成持续引流效果。

(2) 兰蔻有节奏地进行了三波朋友圈广告投放，对"品牌会员+行业高潜用户"进行组合触达。第一波广告投放时间段为9：00—15：00，这一时间段的投放主要是为直播间积累用户，为购物高峰段打好流量基础；第二波广告投放时间段为15：00—18：00，这一时间段是目标用户刷朋友圈的高峰期，同时配合品牌视频号直播拉高高峰期时段的流量；第三波广告投放时间段为20：00—23：00，这一时间段用于做最后冲刺，进一步促进销售的现实转化。

(3) 兰蔻在直播间内设置了引流到品牌私域的入口。兰蔻在直播间下方设置了悬浮页卡，用户可以通过悬浮卡片一键添加导购企业微信，顺利地将公域流量导入私域，以便为消费者提供后续服务，最终完成"公私域交互+用户转化"的闭环。

第二节　抖音直播

抖音最初是一款音乐创意短视频社交平台，于2017年10月31日上线直播功能。2023年，抖音拥有直播用户7.51亿，同时拥有约1亿活跃主播账号和2.4万家MCN等机构，已然成为国内综合直播头部平台之一。

一、抖音直播平台介绍

抖音是由北京字节跳动科技有限公司推出的一款基于音乐创作与短视频分享的社交软件。2016年9月26日，抖音平台正式上线，主打15秒音乐短视频，强调年轻、潮流的娱乐社交属性，并且依靠今日头条的算法推荐技术支持，形成了核心竞争力，逐渐发展成为国内用户规模最大的短视频平台。为了更好地打造平台社区，并且拓展新的盈利渠道，抖音于2017年10月31日上线直播功能。如今，直播已成为抖音平台的一项核心业务，与短视频业务并驾齐驱。

1. 抖音直播的发展

抖音直播的发展实际上与短视频息息相关，更与网络传播技术密切相连。

（1）短视频的消费者与网络直播的消费者有着高度重合性。短视频和直播都以视频为主要形式展示内容，主要受众是年轻用户群体，他们热衷于观看新鲜、有趣的内容。尽管短视频用户倾向于观看短、频、快的碎片化内容，直播用户倾向于参与实时互动和长时间观看，但两者的核心诉求都是"视觉+听觉"的消遣娱乐。短视频和直播的形式各异又互为补充，用户通常在两者之间交叉消费。抖音在2017年后迅速积累用户，直至2020年8月，包含抖音火山版在内，抖音日活跃用户突破6亿，其中存在海量潜在的直播消费者。短视频能够为直播引流，抖音直播业务的开发实际上也为短视频用户拓展了消费选择。

抖音打通了短视频和直播的通道，将直播推广置于视频流中，用户可通过简单的上下滑动来切换直播间。这种设计可吸引短视频用户驻足观看直播，同时赋予用户一定的主动性，用户可选择是否进入直播间，也可以随时退出直播间回到短视频界面。如果短视频账户在直播，其头像会闪烁显示此账号正在直播，而观看直播的用户点击直播账号头像，也可进入其主页观看以往发布的短视频作品，两种内容互相引流，提升用户的娱乐消费体验。

（2）抖音直播平台中的主播有相当一部分是由短视频创作者转型而来的。许多短视频创作者在抖音上积累了一定的粉丝基础和影响力之后，会选择将自己的内容延伸到直播领域。成为主播的创作者会维持短视频中的原有人设，与粉丝进行更为直接、亲密的实时互动，并促使粉丝转化为消费者，获得变现机会。一般而言，通过短视频吸引的粉丝更具有黏性，在直播间也会更有话语权，在主播转型的前期，他们的支持至关重要，自带粉丝的主播无疑有着明显优势，而直播也有助于维系原有粉丝。目前，平台上的很多主播是"直播+短视频"的复合型内容生产者。

（3）抖音直播与抖音鼓励用户生成内容(user generated content，UGC)的短视频业务一脉相承。抖音直播内容也以UGC为主导，普通用户可以成为创作者，通过直播展示自己的才艺或专业技能。这种开放性的创作环境以及短视频赛道积累的经验，能够激发创作者的活力和创造力。抖音直播涌现出大量有创意和独特魅力的优质内容，使得抖音直播成为一个综合性的直播平台。抖音直播囊括才艺表演、游戏直播、美妆教程、时尚搭配、美食分享、体育赛事等各个领域的内容，多样化的内容能够满足不同用户的需求，有利于用户留存和增长。

（4）字节跳动旗下今日头条所使用的算法推荐技术为抖音直播的快速扩张提供了保障。海量信息采集、深度数据挖掘和用户行为分析，为用户智能推荐个性化内容，这也成为抖音短视频和抖音直播成长的技术逻辑。

2. 抖音直播个性化推荐的机制

（1）用户行为分析。抖音直播会根据用户的历史观看记录、点赞、评论、分享等行为进行分析，了解用户的兴趣和喜好。通过对这些数据的挖掘和分析，平台可以更好地了解用户的趣味，从而提供更加精准的个性化推荐。

（2）内容标签和分类。抖音直播会对直播内容打标签并进行分类，类别包括游戏、美妆、健身、音乐等。平台根据用户较为关注的标签和分类，将相似或相关的直播内容推送给用户。

（3）相似用户推荐。抖音直播会根据用户的兴趣找到与其兴趣相似的其他用户，然后将这些相似用户的喜好作为参考，向用户推荐他们感兴趣的直播内容。

（4）热门和趋势内容。抖音直播会根据当前热门话题、流行活动以及平台上的热门直播，向用户推荐相关的内容。这些推荐通常以实时数据和流行度为依据，旨在让用户了解最新和最热门的直播内容。

二、抖音直播生态分析

1. 内容：全场景聚合

抖音直播的细分内容品类超过600种，主播的内容类型包括汽车、游戏、科技、音乐、影视、运动、舞蹈、美食、商品销售、医疗健康、政务、二次元、旅行、户外、情感、语言互动、财经、教育、萌宠/宠物、时尚、人文艺术、媒体和其他，共23个大类，每一大类下还可进一步细分，例如音乐类可细分为唱歌、乐器演奏/教学、纯音乐、其他音乐和白噪声/ASMR等。不同年龄段的主播/创作者直播的内容各有不同，而不同的直播内容也为他们带来了不同年龄层的受众。在一天中的不同时刻，不同的直播间都在与自己的观众产生连接。抖音直播形成了全场景聚合的多元内容生态格局，在助力文化传承、乡村振兴、知识教育等方面做出了贡献。

(1) "第二剧场"传承优质文化。新冠疫情期间，线下文化演出市场受到一定冲击，网络直播逐渐成为文化演出的"第二舞台""第二剧场"。许多演出单位选择与抖音直播平台合作，开展"云演出"，使观众足不出户也能观看文化演出，并从中获得独特的视听体验。由于抖音直播平台的广泛影响力和超高的内容传播度，戏曲、音乐、非遗、艺术、传统文化等优质内容在疫情期间持续高热。这些优秀的演出给观众带来了一场场视听盛宴，满足了更多观众对多元直播内容的需求，同时为演艺工作者带来了可观的经济效益。这些优质内容所属的行业，也在直播的助力下，找到在互联网时代下更合适而高效的发展路径，为新环境下传统文化的传承和发扬开拓了新的渠道。

为推动优质、专业的直播内容生产，抖音付出了很多努力。2022年1月，抖音直播推出优质主播激励计划，该项目首期投入千万流量、千万资金，面向民歌、美声、民族乐器、西洋乐器、民族舞、古典舞、当代舞七大内容品类主播开放申请，鼓励主播提高专业能力，在直播中持续输出优质专业内容。为进一步弘扬传统戏曲文化，2022年4月，抖音直播推出"DOU有好戏"计划，通过加强流量扶持、打造线上节目、提供专业培训等方式，助力戏曲行业在抖音直播平台持续发热，借助直播的力量使传统戏曲文化在互联网时代获得传承与弘扬。

(2) 助力"三农"赋能乡村振兴。抖音直播通过真实展示地方的地貌风光和人文特色，有效促进了地方文旅消费的增长。2018年，字节跳动公益和抖音联合发起"山里DOU是好风光"项目，用直播等方式将地方风貌展示给广大直播用户，帮助地方打造独特的文旅名片。2022年7月，抖音直播推出"看山河"文旅行业直播系列活动，百名导游、旅游达人化身主播，带网友云游黄山、华山、张家界、普陀山、布达拉宫、桂林山水等多个知名景点，让网友足不出户尽览祖国的山河风光，同时刺激用户的旅游需求，拉动当地旅游消费。

受疫情影响，全国各地的农户面临着农产品"滞销"的困境。为助农打开销路，2020年，抖音直播联动来自六个县的书记、县长和六位美食达人，一起走进抖音"战疫助农"直播间，为用户介绍当地农产品，让全国网友更好地了解当地农户情况及相关农产品信息。当天三场直播累计销售农产品35.6万斤，销售额565万元(含达人带货量)。抖音直播中的官员、主流媒体、明星网红以及农民主体，积极开展涉农直播带货活动，促进了乡村经济发展，为乡村振兴探索出一条全新的康庄大道。未来，抖音直播还将为乡村振兴做出新的探索。

(3) 知识传播满足学习需求。随着直播的发展，人们将其运用于知识传播中，从而满足日益增长的学习需要。相较于传统媒体时代的图文形式，视频、视频媒介所承载的泛知识内容在形式上更加直观，表达上更加生动，因此也更具亲和力与吸引力，而直播具有很强的互动性，更能激发用户参与的积极性，是知识传播的有效路径。抖音直播积极推出各项内容，邀请专家学者、专业机构等入驻，开展不同领域的知识直播，满足用户即时性、互动性的学习需求。《2022抖音知识数据报告》显示，2022年1月—11月，抖音高校直播场次达21 103场，较2021年全年增长46%，观看高校直播公开课的抖音用户达9500万，平均每14个人中就有1人在抖音观看高校公开课。相对于传统意义上的知识传播，网络直播使得更多的求学者能够共享高品质知识内容，覆盖面更广，受益者更多。

2. 主播：头中尾均衡

抖音直播平台拥有1亿活跃主播账号，涉及各种类型，为用户提供了多样化的内容选择，让更多的人有机会展示自己的才艺，分享自己的知识和经验。抖音直播的主播包括以下几种类型。

(1) 才艺展示型主播。一些具备特殊才艺或表演技巧(比如唱歌、舞蹈、魔术等)的人，在抖音直播平台上展示自己的才艺，吸引用户的关注和赞赏。除了一些传统的艺术达人，不少具有乡土气息的非遗艺术也进入直播间成为大众的"新宠"，从而诞生了众多草根网红主播。

(2) 知识分享型主播。这类主播通常是领域专家或具备某种特定技能的人，他们通过直播分享自己的知识、经验和技巧。比如美妆达人、烹饪大师、健身教练、艺术品鉴师等。

(3) 娱乐明星型主播。一些知名的娱乐圈明星或网红在抖音直播平台上直播，吸引用户的关注和参与。他们通常会与用户进行打歌、聊天等互动，同时也有相应的才艺表演和带货直播。网络直播在一定程度上是对娱乐明星生命力的延续。

(4) 电商推销型主播。随着电商行业的兴起，越来越多的主播将直播平台作为销售产品的渠道。他们在直播间介绍、演示和推销各种商品，并提供购买链接，吸引用户消费。这类主播构成非常复杂，但是对大众具有很大的吸引力，从而促成许多普通人士也成为带货达人和网红主播。

(5) 生活记录型主播。这类主播通常通过分享日常生活、旅行见闻等来吸引用户。他们以真实、有趣的方式展示自己的生活日常，并与用户进行互动交流。直播内容既有忙碌的城市生活，也有闲适的乡村生活，构成当下的生活百景图，抖音直播因此成为人们了解社会的重要平台。

抖音直播并未形成垄断性的头部主播团体，主播格局较为平衡。抖音平台的中心化能力较强，有效扩大了公域流量，这就对主播能力或直播间氛围提出了更高要求。覆盖面越广，直播的效益就越高。达人或专业机构具有账号运营经验和资金方面的优势，因此更容易在这样的流量生态下成长起来。然而由于买量成本较高，平台倾斜政策周期较短，头部主播的集中度并不高，直播间有爆火的可能性，但一般缺乏长效性。这也给品牌自播、新主播、新机构提供了更多冒头的机会。抖音直播平台对于新手创作者、成长期创作者和成熟期创作者都有不同的流量支持政策，可帮助他们在平台上获得更多的曝光机会,保证不同层级创作者都有运营和成长空间。头部主播率先发展,中腰部主播稳定成长,小主播和新主播也有流量保证,这使得抖音直播平台保持着头中尾三方相对均衡的直播生态,形成了百花齐放的主播格局。

3. 治理:全方位展开

随着直播行业的快速发展,出现了打赏失范、内容低俗、青少年权益遭受侵害等问题。抖音直播平台在直播生态治理方面一直严抓不放,致力于搭建长效治理体系,打造健康绿色的直播环境。

抖音直播平台治理频次高、力度大。根据抖音发布的《2022抖音直播平台治理白皮书》,除了日常监督处理直播违规行为,抖音直播一年内开展了41次针对内容生态、打赏行为等违规行为的专项治理行动,平均每个月3次。在治理技术方面,抖音直播研发使用140多个多维安全模型,运用神经网络视频理解模型、语音识别、智能关键词等技术,将人工审核与智能模型相结合,有效提高直播内容审查的准确性和全面性,并设立1000多条安全规则,全力守护直播间安全。在治理方式方面,抖音直播倡导多方共建。抖音直播鼓励用户积极参与到治理过程中,提供了举报功能,用户可以向平台投诉违规行为或不良内容,平台及时有效处理相关举报内容。作为直播活动的重要参与方,MCN、公会等直播机构也至关重要,不仅推动了直播机构合规运行,还对旗下工作人员、主播担负起管理的责任与义务。抖音直播发布的《2022年抖音直播机构管理条例》,明确了直播机构的行为规范;抖音直播还推出了行业首个公会"健康分"管理制度,满分为100分,若机构或旗下主播违反平台规则,平台将扣除一定分值,并根据分值对机构做出相应处罚。

抖音直播全力保障特殊人群的利益。对于未成年人,抖音直播建立了事前预防、事中拦截、事后保障等一系列机制,严禁未成年开播及打赏。而对于老年用户,抖音直播通过适老化服务帮助老年人健康、安全用网,更好地享受网络直播的趣味。抖音直播推出"老友计划",包含深夜直播休息提醒等功能,助力老年人健康用网;针对更易发生在老年人群体中的网络诈骗行为,抖音安全干预产品——抖音小安会以弹窗提示、安全确认、智能语音等交互方式防范老年人受骗风险。

抖音直播的生态治理是一项综合性工作,平台通过长期不断的努力和多样有效的措施,建立起健康、积极的直播生态,为用户提供良好的直播体验,也给其他直播平台提供了相应的治理经验。

三、抖音直播电商读解

1. 全域兴趣电商模式,直播搭建内容场景

随着互联网对大众生活的深度影响和直播电商的高速发展,抖音电商走出了一条全

域兴趣电商的道路，直播扮演着搭建内容场景、刺激消费需求的重要角色。

2018年9月，抖音小店功能正式上线，随后与淘宝、京东、拼多多等外部电商平台达成合作，标志着抖音电商进入萌芽期。2020年初，以罗永浩为代表的众多明星和达人开启抖音直播带货，标志着抖音电商进入发展期。2020年6月，字节跳动成立电商一级业务部门，正式发布"抖音电商"品牌。2021年4月，首届抖音电商生态大会于广东省广州市召开，抖音首次提出"兴趣电商"概念。在传统货架式电商模式下，消费者事先对自己的需求具有明确的认知，而后在购物平台进行搜索以及购买。而"兴趣电商"是基于算法推荐技术，将用户感兴趣的商品通过短视频或者直播的方式推荐到用户面前，用户没有明确的消费需求，商家通过情景化内容吸引用户的注意，让他们发现感兴趣的商品，激发用户潜在的需求，进而做出购买行为。兴趣电商背后是消费升级，是基于内容的一种刺激性消费。在这一阶段，抖音大力扶持品牌商家入驻，进一步加快直播行业的发展速度。

2021年，抖音先后完成了搭建自建支付系统、升级平台系统、启动三大扶持计划、升级抖音商城、投资物流公司等优化措施，旨在打通抖音电商的全链路，实现闭环交易。2022年，抖音电商将兴趣电商升级到全域兴趣电商阶段，大力投入货架电商建设，通过短视频和直播的内容场景与抖音商城、搜索、店铺等货架场景高效协同互通，组成更完整的全域电商经营体系，打造一个多元化、多样化的购物平台。

抖音整合了直播、社交和电商元素，但抖音在本质上是一个内容互动社区，大部分用户使用抖音的目的并不是购物，而是娱乐和社交，因此抖音电商的成功离不开直播搭建的内容场景，而直播内容激发用户的消费需求，从而让商家实现高转化与强复购。

具体而言，直播在抖音电商中具有以下作用。

(1) 商品展示与体验。直播可以实时展示商品的特点、功能、使用方法等，通过主播的演示和解说，使用户更加直观地了解产品，增强购买信心，从而做出购买决策。直播能够还原线下购物中试穿、试用的体验，让用户更全面、立体地感知商品。

(2) 实时互动与社交。直播为用户提供了与主播和观众互动的机会，用户可以通过评论、点赞、送礼等方式表达自己的意见和喜好，同时也可以与其他观众进行交流和分享。这种社交性的环境不仅提高了用户参与度，还提升了用户对商品的关注度和购买欲望。

(3) 信任建立与口碑传播。通过直播，主播可以与观众建立一种信任关系，真实、可信的演示和推荐有助于提高用户对商品的信任度。如果主播本身具有一定的影响力和粉丝基础，其推荐的商品往往品质更有保障，具有较高的可信度，可以更好地促进销售和口碑传播。

(4) 促销推广与限时购买。直播可以结合促销活动，通过限时抢购、特价优惠等方式激发用户的购买欲望，增加销售额。主播还可以在直播过程中推出限时购买活动，引导观众即时下单，并提供一些独家优惠，从而加强销售效果。

(5) 数据反馈与优化。直播过程中的互动和用户评论可以为商家提供宝贵的数据反馈，使商家了解用户对商品的评价和需求，从而进行产品优化和改进。商家可以通过直播平台的数据分析，深入洞察用户的行为和偏好，精准调整营销策略，增强销售效果。

2. 商家自播

抖音与贝恩公司联合推出了FACT经营矩阵模型(见图7-2)。FACT是商家在抖音电商的四大经营阵地，分别为F (field，商家自播的阵地经营)、A (alliance，海量达人的矩阵经营)、C (campaign，营销活动的组合爆发)、T (top-KOL，头部大V的品销双赢)。其中，商家自播是商家在抖音电商增长的重要力量。商家自播是指入驻抖音小店的商家使用店铺官方账号或渠道号开播的经营方式，随着抖音电商发展逐渐成熟，平台开始大力扶持商家自播。

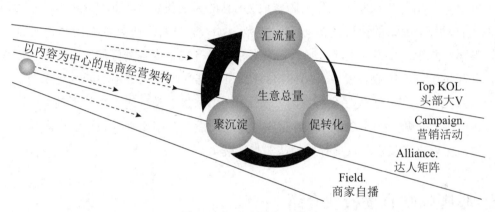

图7-2　FACT经营矩阵模型

对于商家而言，相比传统的广告投放形式，抖音商家自播可以通过自己制作直播内容，减少中间环节的成本支出，带来生意规模增量、内容价值变现。商家自播持续稳定地播出，既能实现长效经营，又能与消费者建立直接、密切的互动关系，进而优化用户消费体验，帮助品牌沉淀私域客户，积累商家人群资产，提高复购率。而对于抖音直播平台而言，商家自播不仅可以规避假冒伪劣风险，减轻售后压力，还有助于优化平台电商业务闭环，打造种草、下单、复购的完整链条。此外，商家自播要想取得良好的效果，就需要配合投流、买量，同时能够赋能平台广告业务。

为了帮助商家提高自播能力，优化抖音直播电商格局，2021年9月，抖音发布《商家自播白皮书》(以下简称《白皮书》)，在直播行业内产生了极大反响。《白皮书》提出了商家自播"八项能力模型"，涵盖货品能力、主播能力、内容能力、服务能力、活动能力、数据能力、私域能力、广告能力，涉及商家自播的各个方面。这些能力的培养是提高商家自播成效的有力抓手。《白皮书》通过标杆案例总结沉淀自播运营亮点，为商家自播经营提供路径参考。

随着直播电商的蓬勃发展，依托抖音平台的政策扶持，越来越多的商家开启了抖音自播，商家也开始重视直播人才的培养，逐步打造专业化自播体系，以实现销售新增量。

第三节 哔哩哔哩直播

哔哩哔哩成立于2009年6月，它是中国最大的实时弹幕视频网站，英文名为Bilibili，被用户亲切地称为B站。B站在创立初期以其独特的二次元与宅文化内容特色吸引了大量的中青年用户。哔哩哔哩平台最初的名字是"Mikufans"，即"初音未来粉丝团"，该平台创建的初衷是成为初音未来粉丝的聚集地。2010年，B站正式更名为"哔哩哔哩"。

2011年，猎豹移动联合创始人陈睿成为B站的天使投资人，担任B站的业务顾问，在他的推动下，B站的内容逐渐丰富与规范。如今，B站已成为拥有动画、番剧、音乐、舞蹈、游戏、知识、生活、娱乐、鬼畜、时尚等15个内容分区的综合性内容创作平台，并开设了直播等业务板块。2018年3月28日，哔哩哔哩在美国纳斯达克成功上市。2021年3月29日，B站正式在我国香港二次上市。B站虽然是较为小众的视频平台，但其商业价值不容小觑。由于B站的直播业务与其他直播平台相比有其独特性，对其进行个案研究，可以丰富我们对直播行业的认知与理解。

一、哔哩哔哩直播板块介绍

B站起初是一个ACG(animation：动画；comics：漫画；games：游戏)内容创作与分享的视频网站，逐步发展成为一个主打二次元内容和弹幕互动结合的直播平台，同时其领域不断拓展至电竞、生活、娱乐等。B站的直播分区有网游、手游、单机游戏、娱乐、电台、虚拟主播、购物，ACG内容占据相当的比重。其中，娱乐分区又可分为聊天、视频聊天、唱见、舞见、萌宅、情感、户外、日常等几大板块，分类十分细致。

B站和其他视频平台及直播平台有一点明显不同，即B站独特的弹幕文化，这也是B站一直作为招牌大力发展的特色功能。弹幕与传统意义上的评论不同，是一种悬浮于视频内容上方的动态评论性文字，其最大魅力便是通过同时间大量喷涌的文字带来一种火热的氛围，同时能够让发弹幕的用户产生一种"实时互动"的感受，从而激发用户的互动热情。

如果弹幕新用户想发布评论或在视频中发布弹幕，或者体验B站平台的其他基础功能，首先需要成为会员，这也是B站培养用户群体的独特手段。无论是注册会员，还是正式会员，都需要完成"会员考试"，其中涉及关于如何在B站文明发言的考题，用户及格后才能发言，长此以往便形成了B站所特有的弹幕文化与弹幕礼仪。相对于其他直播平台中屡屡出现的低俗发言，中国年轻世代聚集的B站则拥有着更高素质的直播间互动氛围。

B站直播之所以具有可供研究的典型性，是因为其发展起步相较于其他平台略晚，却依然取得了不错的商业成绩。B站于2015年开设直播分区，并于2019年开始重视直播分区并大力发展。根据相关数据，2020年3月，网络直播用户规模已达55 982万。受社会环境的影响，B站直播发展迅速，商业价值引人注目。财报显示，2020年第四季度，B站的直播及增值服务业务收入同比增长118%，达到12.5亿元，超越B站一直以来的营收第一——游戏板块，成为B站第一大收入来源。2021年第四季度，B站直播及增值服务业务收入近20亿元，同比增长52%。从2021全年的直播收入来看，同比增长80.33%，获益高达69.3亿元，占2021年B站总收入的35.78%，成为B站的第一大业务[1]。这一组数据显示了B站进入直播市场之后的强劲发展。在主播开播率方面，B站也通过"开播激励计划"等方式刺激主播的开播意愿，2021年，B站全年月开播人数同比增长50%，有收益的主播数同比增长59%，主播的人均收入同比提升38%。根据B站2023年度第二季度财报，B站直播收入同比增长32%。不论从哪个维度来看，B站直播都有不错的发展势头，效益明显。

与其他直播平台不同的是，B站的主播同时还有另外一个身份——UP主（UP即uploader，UP主是上传者的意思），即在B站创建自己的频道并将自己制作的视频上传于此的内容创作者。截至2021年，B站的百万粉丝UP主中，超七成是B站主播。这样独特的主播生态使得B站的内容创作与发展能够迸发出更为强大的活力，同时也十分有利于增强用户与粉丝之间的黏性。

B站直播的收益方式与其他直播平台大致相同，即通过"打赏+广告"的模式盈利。在B站，打赏是一种普遍现象，也是被观众所认可的一种营收方式，用户可通过赠送虚拟礼物的方式为主播"打赏"，此外B站平台还有一项特色"打赏"服务，即用户可以成为某一主播的舰长，以"守护"该名主播，观众向主播开通舰长须支付人民币198元。主播获利后，平台再与主播按照一定比例进行分成，从而实现平台与主播的联合盈利。据统计数据，2021年8月，B站送礼物人次达335.9万，礼物总价值超1.7亿元，人均送礼价值超50元[2]，远超其他平台。

2022年初，B站发布了新的直播工会激励政策。依据政策内容，2022年1月1日后入驻B站的新主播，可享受3个月70%的无责奖励分成，3个月后在50%的基础分成上，完成任务后再获得20%的奖励分成。这样的举措表明B站官方鼓励直播区的发展，且与其他平台相比较，较低的抽成率也成为B站直播的明显优势。

---

[1] 哔哩哔哩发布Q4及2021全年财报：Q4月活用户达2.72亿，全年广告收入同比增长145%[EB/OL]. 哔哩哔哩. https://www.bilibili.com/read/cv15503196/?spm_id_f%20rom=333.999.0.0.

[2] 小葫芦大数据.《游戏直播行业洞察报告》，B站人均送礼超越虎牙登顶[J]. 国际品牌观察，2021(32).

在全民带货的大趋势下，B站也积极跟进，不仅在直播频道开通购物分区，且直播间内也拥有"小黄车"购物功能，方便粉丝更便捷地下单，促成消费转化。同时B站官方还发起了"直播电商UP主招募激励计划"。该计划内容显示，粉丝数量大于等于1000名的UP主均有直播带货的资格，通过审核后便可开通"小黄车"，积极推动B站内的UP主用户进行直播带货。2023年上半年B站就有多位头部UP主开启了直播带货，直播带货场次同比增长7倍。可以看出，直播正逐渐成为B站新的业务增长点。例如，2023年6月10日，拥有近450万粉丝的头部UP主"宝剑嫂"就在B站开启了直播带货首秀，整场直播时长超过7个小时，共上架62个单品。据B站官方战报，当晚直播间最多同时在线55 000人，总成交单量超过25万单，总成交额达2800万元。

二、哔哩哔哩直播特色内容

1. 虚拟主播

由于B站聚集着众多二次元[1]忠实粉丝，虚拟主播也是B站直播区的一大特色。该区又细分为Topstar、虚拟Singer、虚拟Gamer、虚拟声优、虚拟日常、虚拟APEX、虚拟PK，内容十分丰富。世界上公认的第一位虚拟主播名叫"绊爱"（Kizuna AI），该主播于2016年11月在YouTube平台创立了自己的直播频道。2017年8月，二次元文化氛围浓厚的B站抓住了这股潮流，中国首位虚拟主播"小希"就此诞生，并将B站作为主要的活动平台。此时，虚拟主播发展刚起步，尚未形成显著的规模。直至2019年，B站才设立虚拟主播分区，大力发展虚拟直播领域。2020年，虚拟二次元偶像"绯赤艾莉欧"在B站开播一天便达成"千舰"成就，直播三天的流水收入高达千万元，可见虚拟主播在B站直播大有可为。

B站直播除了引入其他平台的知名虚拟主播，更是力图培育、孵化出一批中国本土的虚拟偶像。2020年，知名表演艺术家蔡明老师以虚拟主播"菜菜子nanako"的身份在B站出道，引起了用户和媒体的广泛关注。菜菜子nanako出道即顶流[2]，开播25分钟便光速达成了"百舰"成就(舰长为B站直播间贵族)，直播间人气突破600万，并在此后坚持一个月直播两次。相比海外虚拟主播，B站所拥有的本土化虚拟主播为粉丝带来了更高的文化认同与情感共鸣。

当下二次元文化在我国的发展如火如荼，整体的市场规模已达千亿级别，已成为B站直播领域增长最快的品类之一，具有不容小觑的商业发展潜力。相比于其他直播平台，B站浓厚的二次元文化根基为虚拟主播的发展提供了绝佳的环境。2021年12月，B站虚拟主

---

[1] 二次元，原指"二维世界"，包含长度和宽度的二维空间，后来成为ACGN亚文化圈专门用语，特意用"二次元"来指代。

[2] 顶流，顶级流量的简称，网络流行语，是给极出名的人物、事物或内容赋予的一个称号。

播单月盈利近7000万元，付费人数超60万人。此外，多名本土虚拟主播通过自身的另外一个身份——UP主，成功入选B站百大UP主，与头部真人主播的影响力不相上下。

为了增强虚拟主播与粉丝的互动黏性，赋予其更强的商业变现能力，B站也在积极大力发展虚拟主播的线下商业活动。例如，2023年9月29日—10月6日，B站虚拟分区与上海"静安国际光影节"实现跨界联动，在上海静安地标大悦城举办"虚拟之城"的主题活动。B站在此次活动中，邀请大量虚拟主播参加，用户可以在活动期间来到大悦城，与虚拟主播线下近距离接触，还可以与自己喜爱的虚拟主播共同乘坐虚拟主播主题摩天轮。此类线下活动的丰富与多元打破了二次元粉丝只能在线上与虚拟主播互动的局限，不仅有利于激发用户对虚拟偶像的期待与新鲜感，同时还可以通过线下活动的联动为虚拟主播商业变现模式带来更多的可能性。

2. 学习直播

学习直播的盛行也是B站区分于其他娱乐性质较为突出的直播平台的一大特点，能够周期性开播的学习主播通常也是B站学习区的UP主，例如粉丝量超百万的UP主"彭酱酱LINYA"就是其中代表。在大多数视频平台以竖屏短视频为主要发力点的情况下，B站坚持横屏中长视频的风格，而这种横屏中长视频的节奏恰为学习直播在B站的盛行培育了合适的土壤。同时，学习直播起源于海外视频网站YouTube，通常以"Study with me"为直播标题，这是一种陪伴性质较强、商业属性较弱的直播形式，而这种轻商业化的直播模式自然在B站有着更天然的发展基础。根据2018年B站的公开演讲"数读新世代"提及的数据，学习直播被认为是能够做到直播时间最长的品类。2017—2018年，B站学习直播总时长达146万小时，直播次数达103万。可见，学习直播的观看需求与观看黏性都不容小觑。

在B站的用户组成中，年轻用户占据较大比重，其中学生群体更是不可忽视的一个群体。B站的学习主播通常采取横屏的直播方式，整体书桌更偏向整洁舒适的简约风格，十分符合Z世代[1]用户的审美习惯与观看习惯，同时带有白噪声背景音、滚动鼓励标语、计时器等工具，营造一个线上实时的学习空间，从而能够让进入直播间的用户获得一种"虚拟在场"的感受，并且给予观众情感上的激励与认可。在直播过程中，主播通常不会说话，会采取在评论区交流的方式和观众在线互动。

安静的形式与自学的目的使此类直播能够获得的粉丝打赏十分有限，从商业角度来看，其价值无法与其他形式的娱乐直播相比拟。但B站的学习直播因其独特的直播氛围成为B站直播区的一大特点，提倡学习的直播主题也为用户提供了正能量的导向意义，同时由于全网高质量学习直播的稀缺性，坚持学习直播的发展将有利于粉丝保持对B站

---

[1] Z世代是一个网络流行语，也称为"网生代""互联网世代""二次元世代""数媒土著"，通常是指1995年至2009年出生的一代人，他们一出生就与网络信息时代无缝对接，受数字信息技术、即时通信设备、智能手机产品等影响比较大。

直播的认可与关注。

3. 电竞直播

B站直播分区众多，虽然拥有着多元化的泛娱乐内容，直播内容十分细化，但基于庞大坚实的二次元观众群体，B站仍以游戏直播作为其核心流量来源，拉动B站直播的整体发展。B站的用户画像与其他视频平台有着较鲜明的差异，用户多为ACG[1]内容的忠实粉丝，因此B站一直在大力发展直播电竞领域，并不断加大投资。

2019年，B站以8亿元拍得英雄联盟(LOL)全球总决赛中国地区三年独家直播版权，力压快手、斗鱼、虎牙等国内知名直播平台。此后B站陆续投资了一些直播电竞公司，例如，2020年，B站投资了旗下拥有电竞MCN机构"叁月半"的上海众沃文化传播有限公司和电竞直播公司"大鹅文化"。这样的投入也为B站带来了不错的收益。根据公开数据，B站2021年在游戏直播领域月开播量同比增长79%，月观看人数同比增长60%。

B站直播对于游戏区的管理一直以来采取精细化的对策，各个游戏都有独立的分区。在B站直播网页端，游戏直播分网游、手游和单机游戏三个板块，仅网游就有《英雄联盟》《无畏契约》《CS：GO》《APEX英雄》《星际战甲》《跑跑卡丁车》《三国杀》《蓝色协议》等近90个独立分区。同时每个游戏针对自身的特点开设了不同的平台活动，形成了每个游戏分区独特的内容，例如《英雄联盟》分区打造的《英雄联盟乾杯赛》、《第五人格》打造的《第五人格星光竞逐主播赛》、《永劫无间》打造的《永劫无间暑假激励计划》等，为每个游戏的忠实粉丝带来不同的直播观看体验，最大可能保留了每个独立游戏的独特性与亮点。这种各个游戏分区独立经营的方式，也容易导致不同游戏分区之间热度与活动创意产生较大差异，但总体上来看瑕不掩瑜，仍值得肯定。

近年来，随着国家对游戏与电竞产业扶持力度的提升，互联网直播技术也在不断进步。社会环境的向好及对相关技术的大力扶持必将为B站电竞直播的发展带来新的机遇，助力其稳固国内直播平台中电竞直播头部地位。

三、哔哩哔哩直播发展困境

1. 直播带货消费萎靡

B站用户普遍具有反消费主义意识，消费意愿较为淡薄。众所周知，当下观看直播带货并进行消费的主力为女性。然而在B站，男性用户的数量约为女性用户的两倍，这与其从创立初期就主打ACG内容密切相关，B站从一开始便积累了一批热爱二次元文

---

[1] ACG即animation(动画)、comics(漫画)与games(游戏)的首字母缩写，来源不是英语，也不是一个英语单词，并没有完全对应的广泛使用的中文翻译。

化、热爱电竞文化的忠实男性粉丝,然而这种粉丝基础却给B站直播带货的破局带来了不小的阻碍。

2022年618购物节期间,美食区百万粉丝UP主"大祥哥来了"在B站进行首场直播带货,然而却由于其带货商品价格低廉,被粉丝质疑与他平常在每期视频中均吃昂贵海鲜的人设不符,导致其即使拥有庞大的粉丝量也无法带动商品销量,甚至引发粉丝产生反感情绪。

除头部UP主外,腰部及以下的UP主更难在B站通过直播带货的方式带来商业效益。在B站直播的购物专区中,标签为自习室、影音、游戏等的直播间中虽然有不少产品被挂车,但很明显带货不是UP主的主要目的,很少有UP主会采取抖音的直播带货模式,对购物车内的产品按照编号依次讲解。这种不成熟的带货模式不仅会消减UP主的带货热情,也难以养成用户观看后下单的消费习惯。可见,对UP主来说,不论粉丝量多少,B站直播带货究竟能否带来商业收益,仍然存在不确定性。即使是商业成绩相对亮眼的UP主"宝剑嫂",也有不少粉丝表示,主播没有为粉丝争取到更优惠的价格,导致粉丝纷纷产生不信任情绪,这对UP主的长期发展显然也是一种阻碍。

B站自发展之初,就与其他视频平台有一个明显的区分,即不在视频正片前放置贴片广告,这种一开始就不带商业目的的视频播放模式渐渐奠定了B站"为爱发电"的风格,不少B站UP主也纷纷用"为爱发电"来形容自己的视频制作,在这样的社区生态下,贸然利用直播带货来带动平台商业收益,可能会破坏社区生态的原有氛围,使观众感到不适。

对此,天使投资人、知名互联网专家郭涛表示:"B站在电子商务领域未来发展空间比较有限,难以与阿里巴巴、京东、拼多多等电商巨头抗衡,也难以与抖音、快手等直播电商平台竞争。"[1]的确,在未来,在抖音、快手、小红书等众多平台均已形成自身直播带货风格的当下,B站如何找到适应自身平台的直播带货之路,仍然有待观察。

2. 虚拟主播难以破圈

虚拟主播虽然是B站的一大特色,但事实上,比起更为主流的大众直播平台,如抖音、快手等,B站的虚拟主播仍然处于"圈地自萌"[2]状态,受困于较为小众的圈层之中,从长远发展的角度来看,其商业竞争力显现出较大的劣势。

虚拟主播的忠实粉丝归根结底为二次元文化的受众群体,他们多受ACG文化影响,在审美风格上与一般受众有着较大的区别。"元宇宙"概念盛行之际,抖音等多个平台积极布局,推出了不少元宇宙主播,然而此类虚拟主播与B站所盛行的虚拟主播有着较大的不同。"元宇宙主播"多为AI合成,在外形上与真人主播的风格差异不大,

---

[1] 雪球[EB/OL]. https://xueqiu.com/1352562032/235204747.
[2] 圈地自萌,网络流行语,指的是在小圈子内自娱自乐,沉迷于自己的兴趣爱好。

更容易被新用户接受。而B站中的虚拟主播更多以虚拟的动画形象示人，二次元风格固化且强烈，这对未来虚拟主播不断打通圈层，拓展新的受众群体以扩大其商业影响力造成了阻碍。

同时，虚拟主播不同于真人主播，不需要以真实面目示人，虚拟主播只需将声音隐藏于被精心打造的数字皮囊之中即可，不必暴露自身，拥有更大的表演与演绎空间。然而这样的自由却会为虚拟主播行业的长久发展带来道德和伦理上的限制。长久以来B站虚拟主播中存在软色情乱象，一直影响着该行业在社会上的破圈之路。虚拟主播在直播间所呈现的美丽皮囊，在实时直播时成为一个与观众合谋的"场域"，观众将自身对虚拟主播的种种幻想附加于上，而在礼物打赏等商业收益的刺激下，许多虚拟主播往往难以抵挡此类诱惑，从而严重危害B站虚拟主播分区的良好风气与有序发展。

总之，不论是虚拟主播强烈的二次元风格，还是在发展过程中难以避免的直播乱象，都影响着B站虚拟主播分区的破圈之路，唯有形成成熟的管理模式，才能不断提高虚拟直播行业的商业变现能力，守护好B站虚拟主播这张打赏"王牌"。

第四节　小红书电商直播

被称为"国民种草神器"的小红书是一款集社群分享与消费购物于一体的社交电商平台。从2013年成立至今，小红书历经了平台内容初创、社区构建、电商引入三个发展阶段，实现了从用户生活方式分享社区到社区型电子商务平台的转型。

一、小红书平台介绍

1. 小红书基本情况

行吟信息科技(上海)有限公司旗下的小红书是一个以通过图文、短视频笔记记录年轻人生活方式为切入点的社区电商平台。小红书创立于2013年6月，当时，中国年轻消费者海外购物需求日趋旺盛，一份名为"小红书出境购物攻略"的购物指南上线，旨在应对海外购物信息不对称的需求痛点。2013年12月，小红书推出海外购物分享社区，覆盖美妆、穿搭、母婴、家居等多个生活场域，定位于向中国网友分享跨境海淘经验。2014年，小红书上线垂直电商平台"福利社"，以用户优质笔记内容导向购物，定位于都市年轻消费群体的生活方式分享平台和消费决策入口，实现从生活方式内容社区向社区电商的蜕变。2017年，小红书用户数量自"福利社"上线以来涨幅巨大，达到5000多万；2018年，用户数量突破1亿；2021年，小红书品牌合作平台升级为蒲公英整合营销平台，小红书的社区边界不断向外延伸，内容不断丰富，依据壮大的用户体量和高黏性的用户活跃度，探求进化和商业纵深转化。

"2023年7月，小红书月活用户已经达到2.6亿，'90后'用户占比达70%，一二线城市用户占比达50%，男女比例为3∶7，且分享者就有6900万。小红书总日均笔记曝光量达到300亿次。"[1]伴随平台的商业化转型与多元化发展，小红书所呈现的用户关注焦点从初期的美妆独大变为向服饰穿搭、减肥运动、美食教程、摄影技巧、发型、健身等不同生活领域渗透分布(见图7-3)，用户在小红书形成发现、创作、分享、搜索的行为习惯，以"记录美好生活"激发平台社区属性产生更大的能量。

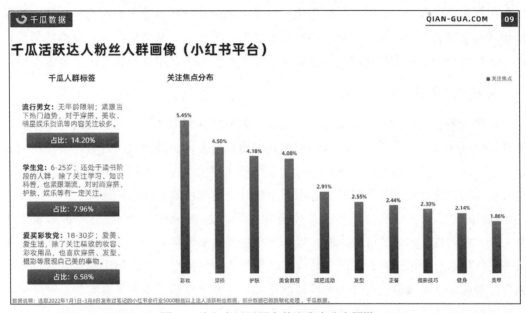

图7-3　小红书活跃用户关注焦点分布图[2]

以用户原创内容(user generated content，UGC)、专业号与自营商城"福利社"为主要业务板块的小红书构建"社区"属性鲜明的平台角色，作为众多年轻用户心中"搜索—分享"与"消费—决策"的集散地，在内容领域与电商领域均追求差异化定位。2013—2023年，小红书在公开的六次资本投资中估值高达200亿美元，以其强大的内容优势与社区特性挤占电商直播市场，在一次次突围中升级、回溯、革新，在平衡内容生产与商业化变现的关键节点寻逐"小红书"答案。

2. 小红书用户人群标签

《2022年千瓜活跃用户画像趋势报告(小红书平台)》对小红书六大用户人群的标签分别定义为Z世代、都市潮人、新锐白领、精致妈妈、单身贵族与享乐一族。"Z世代"作为数字技术的"原住民"，对兴趣社交、网络游戏、学习打卡、竞技赛事等领域的关注掀起小红书生活方式分享笔记的年轻态潮流；"都市潮人"和"新锐白领"具有

---

[1]　2.6亿月活用户，产品力+好内容造就"种草"小红书用户的万能公式[EB/OL]. https://baijiahao.baidu.com/s?id=1772295174627218205&wfr=spider&for=pc.

[2]　千瓜数据[EB/OL]. https://www.qian-gua.com.

经济独立、追求美好生活的共性特点，其正能量的观点丰富了小红书的价值输出；持有轻量消费与高端消费理念的"单身贵族"和"精致妈妈"的用户群在小红书内容垂直社区专注于时尚个护、母婴用品等截然不同的生活领域，提供符合自身境况的分享回应；"享乐一族"对于新奇体验的追求引发兴趣消费，激活社区内容多样性等。

无论是处于求学阶段的人群对知识科普、学习内容的关注，还是没有年龄限制的时尚男女对美妆穿搭、娱乐资讯等热点趋势的聚焦，多元的用户身份角色与生活节奏营造了向内探索的浓厚社区氛围。活跃于笔记分享与消费决策环节的平台用户群体同时具备传播者与消费者身份，在自我表达中显现爱尝新、爱生活、高消费力与爱分享的用户特征，这种特征恰恰助燃品牌曝光机会点，为加速小红书平台商业布局提供了更多可能。

3. 小红书平台特征

从跨境购物攻略的静态信息发布迅速成长为集社区和电商于一体的新内容生态，小红书始终强化"社区"属性，助推品牌曝光和引流宣发，保障精致内容与真实经历的分享。基于内容设计与用户占比分析，可见小红书传播模式去中心化、审美取向女性化、内容设计精致化、社区笔记情感化等不同于传统电商平台的个性化特征。

(1) 传播模式去中心化。从信息传播方式看"去中心化"，小红书平台以人为核心，"一视同仁"的流量分发机制，以内容质量为首要考量标准，实现千人千面的传播效果。传播过程中以点赞、收藏、转发等情况作为决策依据，决定笔记是否获得更多曝光量，素人原创也可以通过算法实现精准推荐。这种分发模式体现了真实的社区环境。以粉丝百万的博主为例，如果其内容没有为用户提供价值，点赞量和评论量就会远低于分享爆款内容的普通用户。作为一个UGC占站内笔记95%以上的社区平台，小红书鼓励用户充分发挥自主能动性生产笔记的同时，确立了"去中心化"的参与式传播方式。

(2) 审美取向女性化。小红书社区从零到一的发展，与画像中描述的一二线城市、受过良好教育、有良好表达与审美、有消费需求的年轻女性不可分割。艾瑞咨询数据显示，小红书用户群体中，男性占比22%，女性占比78%，35岁以下主流人群占比74%，其中年轻女性占比较高，商业笔记主要集中在美妆个护、时尚穿搭、母婴育儿、美食生活与家居家装领域[1]。在小红书活跃达人粉丝中，女性比重更是高达88.8% (见图7-4)，由其作为主要构成的关键意见领袖(key opinion leader，KOC)、关键意见消费者(key opinion consumer，KOL)、素人作为内容生产主力军，通过精致妆容、时尚穿搭、旅拍美照等生活构图，给用户带来更强的场景代入感，凸显小红书以女性审美为主导内容的社交平台特征。

---

[1] 艾瑞咨询. 种草内容平台营销价值白皮书[EB/OL]. https://www.iresearch.com.cn/Detail/report?id=3879&isfree=0，2021-11-15.

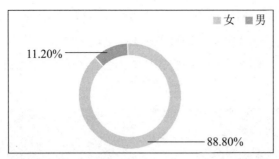

图7-4　小红书平台活跃达人粉丝性别分布图[1]

(3) 内容设计精致化。潮流变幻如一场快速的新陈代谢，预告生活领域新趋势的小红书笔记社区，内容设计具有精致化、高颜值的特征。在《2023年时尚热点数据洞察报告》调研中，千瓜数据整合出"多巴胺穿搭""知识分子风"等四大时尚风潮，种草笔记内容基于"多巴胺"现象级概念，运用"色彩"将产品风格精致化与感官化，以此引发网友情绪共鸣，形成自发内容传播，最大化提升品牌声量[2]。在品牌竞争愈发激烈的环境下，内容设计的质感成为笔记脱颖而出的要点，以助力品牌更加精准地捕捉消费需求，使平台在多元领域中不断优化升级。

(4) 社区笔记情感化。随着社交媒体平台的持续发展，小红书社区文化与算法技术推动用户在平台传播感情，也被互动评论等反馈重塑感情。作为一个以年轻女性为主要用户群体的内容型社交平台，小红书用户被冠以别称"小红薯"，包括博主在内的"小红薯"分享生活体验，"简直太省钱！我要把它推荐给所有女生""好用我都说累了""救命！真的太好逛"等种草笔记内容情感化特征显著。以vlog博主"张大碗子"在小红书平台发布婚讯为例，网友看到喜欢的博主分享被求婚经历，纷纷写下笔记表示"我最喜欢的博主张大碗子被求婚啦"，此时的笔记与评论区互动建立起博主与粉丝之间的情感联系，显现粉丝用户的替代性满足心理。此外，博主"张大碗子"的留学经历与价值观分享为用户带来向知识型偶像积极靠拢的正向情感收获，以行为影响增加用户黏性，也为后续的品牌商业合作创造了条件。

二、小红书"种草"模式

"种草"是一个在小红书流行的词语。作为网络流行语，"种草"的本意是播种草种子或者栽植草的幼苗的活动，后来指向别人推荐好货以诱人购买的行为，也指将品牌和产品信息承载在内容上并影响消费者心智的过程。"种草"作为一种社交方式，在帮助网民筛选商品的过程中，通过指导网民合理消费来满足社交双方的情感和心理需求。随着商业资本营销的介入，"种草"逐渐成为一种基于社交的营销方式(见图7-5)，从而

---

[1] 千瓜数据.千瓜活跃达人粉丝人群画像(小红书平台)[EB/OL]. https://www.qian-gua.com，2022.
[2] 千瓜数据.千瓜2023年时尚热点数据洞察报告(小红书平台)[EB/OL]. https://new.qq.com/omn/20220327/20220327A06HWD00.html，2023-05-31.

拥有了广泛的用户群体。通过用户分享生活方式，小红书引领"种草"风尚，实现从分享笔记"种草"到下单"拔草"的商业闭环，构建"社区+直播+电商+物流"多边生态体系，通过"种草"机制下的业务模式打造天然"种草场"优势，培育满足品牌营销的肥沃土壤。

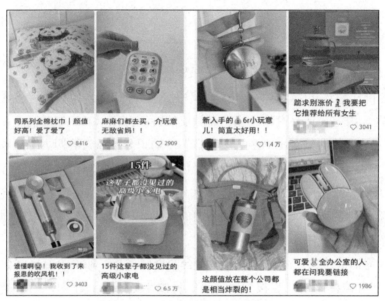

图7-5 小红书"种草"模式

1. 小红书"内容种草"模式

基于媒介赋权理论，小红书社交笔记汇集素人、KOC、KOL等多元身份的真实个体，社区"种草"的信息共享与观点输出使用户成为传播者，同时获得话语、经济、文化等领域的权利与能力的提升。随着媒介的发展，新媒介赋权概念被提出，网民通过小红书平台获取信息、表达思想，担当浏览"种草"笔记的消费者之外的生产者角色，实现在媒介使用中的自我赋权。小红书平台用户通过"种草"行为促成内容信息的汇聚发酵，在种草笔记的互动社区氛围中启动新一轮因自身需求和兴趣产生的笔记生产与消费行为。在高质量"种草"笔记影响下的流量池越变越大，"种草"行为不断植入消费者心智，实现平台"内容+流量"的螺旋式增长，反推品牌用户在高质量笔记竞争流中不断产出、升级内容，助推小红书的真正出圈[1]。

过去十年，受内容"种草"模式深度影响的小红书的商业化营收以广告为主。在增加电商收入的过程中，已经习惯通过图文、短视频接收信息的用户是否会对新社区内容流产生对抗心理？围绕电商直播的商业化改革是否会撼动具有社区共识的庞大用户基数？如何在直播电商体系中延续内容"种草"的社区氛围？如何把握社区增长与商业生

---

[1] 出圈，网络流行语，粉丝圈常用语，一般指某位偶像知名度提升，不止被粉丝小圈子关注，开始进入大众视野，变成真正的"公众人物"，引起广泛关注的事件和物品也可以用"出圈"来形容。

态之间的平衡发展？对于以上问题，小红书将给出怎样的答案，还有待观察。

2. "B2K2C"商业闭环模式

2020年7月22日，"B2K2C"[1]商业生态在小红书举办的Will未来品牌大会上被提出，"B2K2C"基于内容社区与内容电商两种业务形态，以KOC、KOL引流宣发连接B端(business)商家与C端(customer)用户，形成"种草—拔草"的影响力闭环(见图7-6)。在这个过程中，KOC透过优质内容广泛"种草"，KOL通过分享推广引流宣发，素人基于使用体验建立信任，KOC与KOL联手铺量推广，以素人反馈树立口碑、收获粉丝，垂直影响用户消费决策，形成从用户到消费者的优质内容循环。

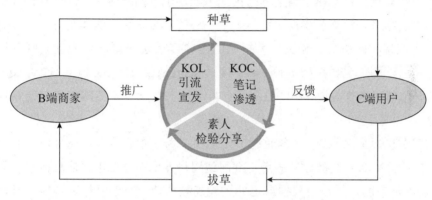

图7-6 "B2K2C"商业闭环模式图示

在"B2K2C"商业闭环模式下，品牌之所以能够精准触达用户的核心，源于产品与KOL、KOC、素人亲身体验的高效匹配。对于消费者来说，他们希望通过搜索关注感兴趣的笔记，用最优惠的价格买到满足自己需求的产品。在小红书搜索引擎优化(search engine optimization，SEO)效果影响下，垂直社区中的用户自发组建消费者联盟，形成强大购买力。对品牌商家来说，品牌的可观销量需要通过强大的购买力和足够多的用户基数来实现。小红书的变现方式不同于抖音、快手等平台的"直播+电商"，它采用的策略是从品牌方到关键意见领袖、关键意见消费者再到消费者，形成以内容"种草"为依托的品牌营销新场域。建立在信任情感之上的种草分享中和了电商交易过程，从而给用户带来消费新体验。

三、小红书直播路径

2019年11月，小红书宣布互动直播平台进入内测阶段，以种草笔记、自营商城组成的内容社区和各大垂直领域的忠实用户群为其奠定了品牌广告投放的优势。小红书在社区中调整增加开屏广告和店铺链接进行直播试水，在商业转化过程中融入品牌营销全

---

[1] "B2K2C"即"business to KOL/KOC to customers"，也就是连接商家和消费者的电商营销模式。

链路。品牌营销全链路模式(见图7-7)包含"前链路—种草"与"后链路—拔草"阶段，通过KOL、KOC等角色对产品的曝光与种草带动消费者进行前链路品牌认知、体验测评与消费决策，由购买行为产生的销售转化达成后链路"拔草"目标。

图7-7　品牌营销全链路图示[1]

1. 前链路—直播优势

小红书因其平台特质在营销全链路模式下表现出"站外转化"的间接性和探索性，主要通过"前链路—种草"场景深度影响用户心智，带来后续的体验分享扩散和间接销售转化，为直播实践引流。相关学者提出的ISMAS改进模型，作为互联网营销领域中的品牌营销新法则，包含兴趣(interest)、搜索(search)、口碑(mouth)、行动(action)和分享(share)五个消费者行为要素[2]，对我们分析小红书在营销全链路中的前链路环节具有借鉴价值。

(1) 在兴趣方面，小红书平台通过多元化种草场景布局内容，充分对接和启发用户日常生活中的兴趣点和关键信息触点，继而使用户养成在平台进行信息检索的习惯。

(2) 在搜索方面，用户会根据自己的兴趣高频地使用小红书搜索功能，甚至在评论区被"反种草"，从而关注相应的直播间。

(3) 在口碑方面，用户的信任是通过小红书垂直领域专业博主的测评直播或素人用户创作的体验笔记逐步建立的，"专业性+真实性"的反馈强化用户认知，提高产品口碑。

(4) 在行动方面，当用户在垂直社区获取精准信息且对相关产品的推介KOL、KOC保持认可时，便会做出"拔草"行为。

(5) 在分享方面，用户在自身完成产品体验后，还会以不同于KOL和KOC的素人视角在小红书社区分享反馈，增加品牌可信度，同时引发更多用户关注。

小红书在ISMAS模型下对平台调性、内容形式和用户偏好等方面不断进行考量优化，随着垂直领域内容的完善和分发机制的迭代，小红书以更高效的"拔草"机制、更完善的转化路径驱动品牌方产生积极的投放意愿，从而形成直播优势。

2. 后链路—直播探索

与淘宝等传统电商平台的公域流量分发方式不同，小红书的直播具有极强的私域属性。相较于极具专业性的品牌推广，小红书站内由平台消费者创作分享的笔记内容更受

---

[1] 艾瑞咨询研究院。
[2] 刘德寰，陈斯洛. 广告传播新法则：从AIDMA、AISAS到ISMAS[J]. 广告大观(综合版)，2013(04)：96-98.

用户信任。因此，小红书电商直播更依赖于博主和粉丝之间的情感联系，与其他平台的带货直播相比，小红书电商直播通过深度影响用户心智从而实现后续销售转化。当主播选品不追求"全网最低价"的噱头时，决定用户消费行为的不仅是价格，还有用户对主播的信任，客单价高、转化率高、复购率高、退货率低的营销效果特点开始显现，使小红书直播的商业化路径呈良性循环态势。

小红书进入直播行业较晚，比起淘宝、京东等电商平台，缺乏一定的电商运营经验与技术支撑，例如产品供应链和物流体系不够完备、电商团队的规模有待扩大、退货与退款等售后服务需要加强等。如何在平台内构建触达、交互、转化、售后一体化的营销链路，挖掘信息流背后的商品流、数据流是小红书平台需要解决的关键问题。

小红书电商直播依赖于主播和粉丝之间的互动信任，并基于社区属性进行新尝试。例如，吸引华伦天奴等奢侈品品牌方的入驻，与知名明星艺人直播团队的合作等。这个过程既体现了小红书的差异化求存，更体现了小红书"冒险"的勇气。

3. 典型案例：董洁"慢直播"的出圈

2023年1月13日，明星董洁在小红书平台开启直播带货首秀，以直播销售额5054万元的成绩荣登小红书直播带货榜单第一位(见图7-8)。她的带货榜数值一度达到2亿元，累计涨粉超过50万人，人均观看时长约6分钟，被网友称为小红书直播界的"李佳琦"。

图7-8　董洁小红书直播预告海报及截图

董洁的小红书直播间没有营造热闹的氛围，也没有提醒下单的催促，董洁在宁静素雅的环境背景下，不疾不徐地将推荐融于充满生活气息的"闲聊"中，与充斥着"喊麦"的直播间形成强烈反差。在产品解说方面，董洁从商品的详细描述到试穿体验评价条理清晰，中肯专业，令人信服；在选品方面，直播间上架的产品从小众品牌到轻奢品牌，真正关注产品本身，价位区间跨度明显且优惠力度不大。董洁放慢直播节奏，产品的"高质"和状态的"松弛"是其竞争力所在。在7月28日的直播中，即便错过了"618"促销节点，董洁直播间的用户观看数量仍超190万。董洁经营的"董"生活买手店提倡"做自己的生活主理人"，很好地契合了小红书生活方式社区的定位。董洁带货直播的成功表明，网络直播要想实现可持续发展，开辟差异化直播路线是一种有效的策略。

在直播电商常态化的今天，小红书直播业务从依附社区的第二属性重新定位，采用以关键意见销售(key opinion sales，KOS，特指具备专业销售能力及大量垂类行业、品牌知识储备的强内容创作者)为核心的种草模式来凸显团队的导购专业性，集合KOL与KOC引流、亲民的长板，呈现契合平台调性的直播新范式。伴随着"时尚火星计划"的推行，小红书在直播实践中重新审视自身良好的"种草"基因。作为影响年轻用户"种草—拔草"的社区电商平台，小红书直播带货的突围路径是"非主流"的。无论是从用户群特征、内容呈现方式还是从"种草"效能来看，小红书均具有品牌营销与商业转化的远景，从而能够实现更多的优质内容直播联动。

结语　　网络直播的未来发展

　　从2016年目睹网络直播平台竞争进入鼎盛时期到经过几轮洗牌之后聚焦于几十家平台，我们见证了网络直播的繁华与落寞，也见证了不同平台的发展或消失。这种变化与起落，使得大众对网络直播的感情也比较复杂。我们曾经为它给我们带来的便利而热烈欢呼，也曾为它给我们带来的烦恼而无限困惑；我们曾经为它的迅猛发展而热烈鼓掌，也曾为它屡屡踩踏政策和法律红线而摇头长叹；我们曾经因为某些草根人物借助直播平台一夜走红，从而对网络平台的造星能力由衷感慨，也曾因为某些风光无限的"网红"因不妥言行而瞬间"塌房"，从而对网络平台的良性发展感到担忧。网络直播实实在在牵动着大众的神经，吸引着大众的目光，占据着大众的时间，对我们的工作和生活产生实实在在的影响。作为一种新兴的传播平台和产业形式，网络直播的未来发展备受瞩目。

　　网络直播是技术和理念双重推动的产物。从技术上讲，4G技术、移动设备为网络直播的生存与发展提供了强大的动力。当前，5G技术开始全面推广，这将为网络直播的发展注入新的动力。从理念上讲，大众对音频、视频世界的无限依赖，对B2C模式的充分认可，都使得网络直播具有广阔的发展空间。即时性、现场感、场景化更是增强了网络直播的吸引力。目前我国网民人数已经超过10亿人，在未来还有较大的增长空间，同时网民结构(涉及年龄、学历结构、知识背景、网络素养等各个方面)也将发生相应的变化，网络直播在未来还有新增用户的可能性，而且用户质量也将越来越高。从这些角度来看，网络直播在未来还将得到快速发展。

　　未来的网络直播必然和当前的网络直播有较大的区别，我们可以从以下几个方面去解读和预测它未来的可能性。

　　(1) 品牌性特征更加明显。在过去的几年里，网络直播行业竞争激烈，不少层次较低、实力较弱的平台被挤出市场，如今做得风生水起的平台只有几十家。在未来，网络直播平台的投资者将越来越理性。因此，网络直播将聚焦于一些品牌企业，而中小平台将面临更大的生存压力。优胜劣汰永远是网络直播行业应遵循的发展规律。品牌的知名度和美誉度将使得某些头部直播平台保持强劲的发展态势。不注重品牌建设，只想快速获取短期利益者必然被市场无情淘汰。

　　(2) 从量的增加走向质的提升。网络直播运营者越来越意识到以内容为核心的重要性，将会严把质量关，不再四面开花，而是以质量求生存。同时，以"用户思维"为前提，真正意义上把用户利益放在重中之重的位置，并注重社会效益和经济效益的平衡，才能使网络直播的质量有根本依托。此外，直播平台自身以及相关职能部门的监管力度将进一步加大，相关法律法规也将更加完善，直播乱象频发的状况将有所好转。

(3)"直播+"将继续推动社会跨界发展。随着互联网经济的发展以及网络技术的推进，人们越来越认识到直播的力量，"直播+"将广泛地运用到各个领域，实现跨界发展，具有无限可能性。"直播+"绝不只是线下在线上的复刻重现，更是承载着多种内容元素的事实信息网络发布方式，它将各种信息自由地以各种形态展现出来。在过去的几年里，"直播+"在疫情防控、脱贫攻坚、产业转型、文化转型等方面发挥了应有的作用，未来还会在更多领域持续发力。

总体而言，网络直播将围绕理性、质量、品牌、跨界等关键词向深层次发展，必定会迎来光明的前景和未来的无限可能。我们从艺术的角度来审视网络直播这一新现象，也是着眼于它未来的发展。网络直播是技术，更是艺术！

参考文献

[1] 丹尼尔·戴扬,伊莱休·卡茨. 媒介事件[M]. 北京：北京广播学院出版社,2000.

[2] 丹尼斯·麦奎尔,斯文·温德尔. 大众传播模式论[M]. 祝建华,武伟,译. 上海：上海译文出版社,1987.

[3] 罗伯特·斯考伯,谢尔·伊斯雷尔. 即将到来的场景时代[M]. 赵乾坤,周宝曜,译. 北京：北京联合出版公司,2014.

[4] 尼尔·埃亚尔,瑞安·胡佛. 上瘾：让用户养成使用习惯的四大产品逻辑[M]. 钟莉婷,杨晓红,译. 北京：中信出版社,2007.

[5] 尼尔·波兹曼. 娱乐至死[M]. 章艳,译. 桂林：广西师范大学出版社,2011.

[6] 詹姆斯·凯瑞. 作为文化的传播："媒介与社会"论文集[M]. 丁未,译. 北京：中国人民大学出版社,1989.

[7] IMS(天下秀)新媒体商业集团. 直播电商法律法规解析[M]. 北京：清华大学出版社,2022.

[8] 陈晶. 自媒体2.0：网络直播"星"力量[M]. 北京：清华大学出版社,2018.

[9] 陈龙. 大众传播学[M]. 上海：上海交通大学出版社,2016.

[10] 高文珺,何祎金,田丰. 网络直播：参与式文化与体验经济的媒介新景观[M]. 北京：电子工业出版社,2019.

[11] 李梅. 人人都能做主播——网络直播、视频营销与推广一本通[M]. 北京：清华大学出版社,2020.

[12] 李小勇,张玉兵. 网络直播营销[M]. 郑州：黄河水利出版社,2020.

[13] 李勇,李勇坚. 直播的逻辑[M]. 北京：中国人民大学出版社,2021.

[14] 李泽清. 网络直播：从零开始学直播平台运营[M]. 北京：电子工业出版社,2018.

[15] 梁宸瑜,曹云露,马英. 直播带货：让你的流量持续低成本变现[M]. 北京：人民邮电出版社,2020.

[16] 梁小小. 吃透小红书文案[M]. 北京：人民邮电出版社,2023.

[17] 泐冰. 直播三力[M]. 北京：人民邮电出版社,2023.

[18] 邵鹏. 直播电商带货实操全攻略[M]. 杭州：浙江大学出版社,2022.

[19] 孙爱凤. 直播技巧：实力圈粉就这么简单[M]. 北京：机械工业出版社,2019.

[20] 魏艳. 零基础学短视频直播营销与运营：实战案例版[M]. 北京：化学工业出版社,2020.

[21] 休斯. 爆款内容方法论[M]. 北京：人民邮电出版社，2023.

[22] 姚震. 网络直播平台著作权侵权制度研究[M]. 北京：中国政法大学出版社，2022.

[23] 曾庆江. 媒体平衡论[M]. 武汉：武汉大学出版社，2014.

[24] 郑清元. 直播就该这么做[M]. 北京：机械工业出版社，2020.

[25] 直播商学院. 直播策划与运营[M]. 北京：电子工业出版社，2022.

[26] 直播商学院. 直播拍摄与美化[M]. 北京：电子工业出版社，2022.

[27] 直播商学院. 直播引流与推广[M]. 北京：电子工业出版社，2022.

[28] 周建青. 网络直播基础[M]. 北京：北京大学出版社，2022.

附录

附录A　互联网信息服务管理办法(修订草案征求意见稿)

为了规范互联网信息服务活动，促进互联网信息服务健康有序发展，国务院于2000年9月20日通过《互联网信息服务管理办法》，并于当年9月25日颁布施行。2021年1月8日，国家网信办就《互联网信息服务管理办法(修订草案征求意见稿)》公开征求意见。

第一章　总则

第一条　为了促进互联网信息服务健康有序发展，保护公民、法人和其他组织的合法权益，维护国家安全和公共利益，制定本办法。

第二条　在中华人民共和国境内从事互联网信息服务，以及对互联网信息服务的监督管理，适用本办法。

中华人民共和国境内的任何组织和个人利用境内外网络资源向境内用户提供互联网信息服务，应当遵守本办法规定。

第三条　国家采取措施，监测、防范、处置利用中华人民共和国境内外的互联网信息服务实施的危害国家网络空间安全和秩序，侵害中国公民合法权益的违法犯罪活动。

第四条　国家倡导诚实守信、健康文明的网络行为，推动传播社会主义核心价值观、社会主义先进文化、中华优秀传统文化，促进形成积极健康、向上向善的网络文化，营造清朗网络空间。

第五条　国家网信部门负责统筹协调全国网络安全工作和相关监督管理工作，对全国互联网信息内容实施监督管理执法。

国务院电信主管部门依照职责负责全国互联网行业管理，负责对互联网信息服务的市场准入、市场秩序、网络资源、网络信息安全等实施监督管理。

国务院公安部门依照职责负责全国互联网安全监督管理，维护互联网公共秩序和公共安全，防范和惩治网络违法犯罪活动。国家安全机关依照职责负责依法打击利用互联网从事危害国家安全的违法犯罪活动。

国务院其他有关部门在各自职责范围内对互联网信息服务实施监督管理。

地方互联网信息服务监督管理职责依照国家有关规定确定。

第六条　国家保护公民、法人和其他组织依法使用互联网信息服务的权利，促进网络应用普及，提升互联网信息服务水平。

国家鼓励互联网信息服务提供者开展行业自律，依法提供服务，提高网络安全意识，促进行业健康发展，鼓励社会公众监督互联网信息服务。

第二章　设立

第七条　从事互联网信息服务，属于经营电信业务的，应当取得电信主管部门电信业务经营许可；不属于经营电信业务的，应当在电信主管部门备案。

未取得电信业务经营许可或者未履行备案手续的，不得从事互联网信息服务。

第八条　申请从事互联网信息服务备案的，应当通过互联网网络接入服务提供者向电信主管部门提交以下材料：

(一) 主办者真实身份证明和地址、联系方式等基本情况；

(二) 拟开展的互联网信息服务类型、名称，拟使用的域名、IP地址、服务器等互联网网络资源，互联网网络接入服务提供者等有关情况；

(三) 拟提供的服务项目，需要取得相关主管部门许可的，还应当提供相应的许可文件；

(四) 公安机关出具的安全检查意见；

(五) 需要提供的其他材料。

第九条　电信主管部门对第八条规定的材料核实后，应当予以备案并编号。

第十条　从事互联网信息服务，应当使用符合电信主管部门要求的网络资源，具备符合国家规定的网络安全与信息安全管理制度和技术保障措施。

第十一条　从事互联网信息服务，属于经营电信业务的，应当向电信主管部门提出申请。电信主管部门应当在有关电信管理的法律、行政法规规定的期限内审查完毕，做出批准或者不予批准的决定。

互联网信息服务提供者不再从事互联网信息服务的，应主动注销相关许可和备案。

第十二条　从事互联网新闻信息服务，应当向网信部门提出申请，网信部门应当依据《中华人民共和国行政许可法》的规定做出批准或者不予批准的决定。互联网新闻信息服务相关从业人员应当依法取得相应资质，接受相应的培训、考核。

从事文化、出版、视听节目的互联网信息服务，应当取得有关部门的许可。

从事教育、医疗保健、药品和医疗器械等互联网信息服务，依照法律、行政法规以及国务院有关决定须经有关部门许可的，应当取得有关部门的许可。

有关部门应当将许可结果报国家网信部门备案。

第三章　运行

第十三条　互联网网络接入服务提供者为互联网信息服务提供者提供接入服务，应当要求互联网信息服务提供者提供相应许可证件或者备案编号；互联网网络接入服务提供者应当查验,不得为未取得合法许可证件或者备案编号的互联网信息服务提供者提供服务。

用户利用互联网从事的服务依照法律、行政法规以及国家有关规定需要取得相应资质的,应当向互联网信息服务提供者提供其具有合法资质的证明文件。互联网信息服务提供者应当查验用户的证明文件,不得为未取得合法资质的用户提供服务。

互联网信息服务提供者已备案的互联网域名如需转让,应提前在电信主管部门变更相关备案信息。域名注册管理机构、域名注册服务机构不得帮助域名持有者对已备案域名实施转让。

第十四条　互联网信息服务提供者在提供服务时应当明示许可证编号或者备案编号。

互联网信息服务提供者的许可或者备案事项发生变更的,应当向原许可或者备案机关办理变更手续。

第十五条　任何组织和个人不得设立用于实施违法犯罪的网站、通信群组、网络账号、移动智能终端应用,不得开办用于实施违法犯罪的互联网服务。

任何组织和个人不得明知他人利用互联网信息服务实施违法犯罪而为其提供技术支持、广告推广、支付结算、代办网络服务等帮助。

任何组织和个人不得倒卖移动电话卡、上网卡、物联网卡。用户将已依法办理真实身份信息登记的移动电话卡、上网卡、物联网卡转让给他人使用的,应当依法办理过户手续。

第十六条　互联网信息服务提供者应当建立信息发布审核制度。

互联网信息服务提供者应当配备符合网信部门、电信主管部门、公安机关要求的网络与信息安全管理人员。

互联网信息服务提供者、互联网网络接入服务提供者应当建立网络安全与信息安全管理制度、用户信息保护制度,采取安全防范措施,加强公共信息巡查。

第十七条　互联网信息服务提供者应当按照网信部门、电信主管部门、公安机关要求,建立互联网新业务安全评估制度,对其通过互联网新开展并取得经营许可的互联网信息服务业务进行安全评估,并将有关评估结果向网信部门、电信主管部门、公安机关报告。

第十八条　互联网网络接入、互联网信息服务、域名注册和解析等互联网服务提供者,在与用户签订协议或者确认提供服务时,应当确保服务对象与身份证件信息或者组织机构代码证书信息等必要的真实身份信息一致,并记录相关信息。查验的真实身份信息应当在提供服务期间同步保存,并在停止服务后保存至少两年以上。

第十九条　任何组织和个人办理、使用互联网网络接入、互联网信息服务、域名注册和解析等互联网服务,应当提供真实身份信息,不得违反本办法规定的真实身份查验要求,实施下列行为:

(一) 使用虚假身份信息、冒用他人身份信息，办理互联网服务；

(二) 未提供真实身份信息，获取、使用他人注册的互联网账号、资源；

(三) 为他人规避实施真实身份查验的要求提供技术支持或者帮助。

第二十条 互联网信息服务提供者应当记录其发布的信息和用户发布的信息，并保存不少于6个月。

互联网信息服务提供者、互联网网络接入服务提供者应当记录并留存网络日志信息，并保存不少于6个月。网络日志信息的具体要求，由网信部门、电信主管部门、公安机关依据各自职责另行制定。

通过网络代理、网络地址转换等方式，与他人共享互联网网络接入服务资源，还应记录并留存地址转换记录等可确认用户身份的日志信息。

第二十一条 互联网网络接入、互联网信息服务、域名注册和解析等互联网服务提供者，应当采取技术措施和其他必要措施，防范、发现、制止所提供的服务被用于实施违法犯罪。互联网网络接入、互联网信息服务、域名注册和解析等互联网服务提供者发现网络违法犯罪行为，应当保存有关记录，并向网信部门、电信主管部门、公安机关报告。

网信部门、电信主管部门、公安机关等有关主管部门发现互联网信息服务提供者存在违反真实身份查验要求的行为或者其他网络违法犯罪行为，应当要求互联网信息服务提供者采取消除、制止等处置措施，停止相关服务，保存有关记录，并向网信部门、电信主管部门、公安机关报告。

第二十二条 互联网网络接入、互联网信息服务、域名注册和解析等互联网服务提供者，应当为公安机关、国家安全机关依法维护国家安全和侦查犯罪的活动，提供技术支持和协助。技术支持和协助的具体要求，由公安机关、国家安全机关会同电信主管部门等有关部门另行制定。

互联网网络接入、互联网信息服务、域名注册和解析等互联网服务提供者，应当为网信部门、电信主管部门依法履行互联网信息服务监督管理职责，提供必要的数据支持和相关配合。

第二十三条 互联网信息服务提供者、互联网网络接入服务提供者及其工作人员对所收集、使用的身份信息、日志信息应当采取技术措施和其他必要措施，确保其收集的个人信息安全，防止所收集、使用的身份信息、日志信息泄漏、毁损、丢失。在发生或者可能发生信息泄露、毁损、丢失的情况时，应当立即采取补救措施，并按照规定及时告知用户并向有关主管部门报告。

互联网信息服务提供者、互联网网络接入服务提供者应当建立网络信息安全投诉、举报制度，公布投诉、举报方式等信息，及时受理并处理有关网络信息安全的投诉和举报。

第二十四条 有关部门应当采取技术措施和其他必要措施，防范、制止和查处窃取或者以其他非法方式获取、出售或者非法向他人提供互联网信息服务提供者、互联网网络接入服务提供者所收集、记录的身份信息、日志信息的违法犯罪行为。

有关部门及其工作人员在履行互联网信息监督管理过程中获取的信息，应当予以保密，只能用于相关监督管理和执法工作的需要，不得泄露、篡改、非法毁损，不得出售或者非法向他人提供。

第二十五条　任何组织和个人不得以营利为目的或为获取其他非法利益，实施下列行为，扰乱网络秩序：

(一) 明知是虚假信息而发布或者有偿提供信息发布服务的；

(二) 为他人有偿提供删除、屏蔽、替换、下沉信息服务的；

(三) 大量倒卖、注册并提供互联网信息服务账号，被用于违法犯罪的；

(四) 从事虚假点击、投票、评价、交易等活动，破坏互联网诚信体系的。

第二十六条　任何组织和个人从事互联网信息服务应当遵守宪法法律，遵守公共秩序，尊重社会公德，不得制作、复制、发布、传播含有下列内容的信息，或者故意为制作、复制、发布、传播含有下列内容的信息提供技术、设备支持或者其他帮助：

(一) 反对宪法所确定的基本原则，危害国家安全、荣誉和利益，泄露国家秘密，煽动颠覆国家政权，推翻社会主义制度，煽动分裂国家，破坏国家统一的；

(二) 宣扬恐怖主义、极端主义，宣扬民族仇恨、民族歧视，破坏民族团结，破坏国家宗教政策，宣扬邪教和封建迷信；

(三) 编造、传播扰乱金融市场秩序的信息，以及其他扰乱市场秩序、经济秩序的虚假信息；

(四) 编造、传播险情、疫情、警情、自然灾害、生产安全、食品药品等产品安全以及其他方面扰乱社会秩序的虚假信息；

(五) 仿冒、假借国家机构、社会团体及其工作人员或者其他法人名义散布的信息，或者为实施违法犯罪而冒用他人名义散布的信息；

(六) 散布煽动非法集会、结社、游行、示威或者其他扰乱社会管理秩序、破坏社会稳定的信息；

(七) 传播淫秽色情、暴力、赌博、凶杀、恐怖的信息，以及教唆犯罪，传授犯罪手段、方法，制造或者交易违禁物品、管制物品，实施诈骗以及其他违法犯罪活动的信息；

(八) 侮辱或者诽谤他人，侵害他人名誉、隐私、知识产权或者其他合法权益，以及危害未成年人身心健康，不利于未成年人健康成长的信息；

(九) 法律、行政法规禁止的其他信息。

第二十七条　互联网信息服务提供者、互联网网络接入服务提供者发现发布、传输的信息属于本办法第二十六条所列内容的，应当立即停止传输，采取消除等处置措施，防止信息扩散，保存有关记录，并向网信部门、电信主管部门、公安机关报告。

网信部门、电信主管部门、公安机关等有关部门发现发布、传输的信息属于本办法第二十六条所列内容的，应当依职责要求互联网信息服务提供者、互联网网络接入服务提供者停止传输，采取消除、制止等处置措施，阻断违法信息传播，保存相关记录；对来源于中华人民共和国境外的上述信息，由国家网信部门和有关部门通知有关机构采取技术措施和其他必要措施阻断传播。

国家有关机构依法采取技术措施和其他必要措施，阻断来自于中华人民共和国境外的法律、行政法规禁止发布或者传输的信息。

任何组织和个人不得违反国家规定，为他人获取、传播前款被依法阻断的信息而提供技术支持或者其他帮助。

第二十八条 从事互联网信息服务应当符合国家标准的强制性要求。

第二十九条 互联网信息服务提供者、互联网网络接入服务提供者应当建立应急机制，并在必要时及时采取应急处置措施。

第四章 监督检查

第三十条 网信部门、电信主管部门和其他有关部门应当向社会公开对互联网信息服务的许可、备案情况。

第三十一条 网信部门、电信主管部门、公安机关和其他有关部门应当依据各自职责，对互联网信息服务进行监督检查，及时查处违反本办法规定的行为。

网信部门、电信主管部门、公安机关和其他有关部门依法履行监督检查等执法职责，应当由两名以上执法人员实施。执法人员应当具有执法资格，执法时应当主动出示执法证件，并记录监督检查等执法情况。

第三十二条 网信部门、电信主管部门、公安机关和其他有关部门依法履行监督检查等执法职责时，互联网信息服务提供者、互联网网络接入服务提供者应当予以配合，不得拒绝、阻挠。

第三十三条 网信部门、电信主管部门、公安机关和其他有关部门应当建立监督管理信息共享和信息通报制度，加强沟通和协作配合。

公安机关在依法开展互联网安全监督管理中，发现互联网信息服务提供者、互联网网络接入服务提供者违反本办法规定，并依法予以行政处罚的，应当通报网信部门、电信主管部门和其他有关部门，并可建议原许可或者备案机关取消相关许可或者备案。

第三十四条 任何组织和个人发现互联网信息服务提供者、互联网网络接入服务提供者有违反本办法行为的，应向有关部门举报、控告。

网信部门、电信主管部门、公安机关和其他有关部门收到举报的应当及时依法做出处理，不属于本部门职责的，应当及时移送有关部门处理。有关部门应当对举报人的相关信息予以保密，保护举报人的合法权益。

第三十五条 网信部门、电信主管部门、公安机关和其他有关部门在行政违法案件受案后，依照《中华人民共和国行政强制法》的规定和程序要求，可以对与涉嫌违法行为有关的电子设备、存储介质、物品、设施、场所采取查封、扣押强制措施，可以查询与涉嫌违法行为有关的银行账户。

第五章　法律责任

第三十六条　网信部门、电信主管部门、公安机关和其他有关部门及其工作人员违反本办法第二十四条规定，将在履行互联网信息内容监督管理中获取的信息用于其他用途的，对直接负责的主管人员和其他直接责任人员依法给予处分。

网信部门、电信主管部门、公安机关和其他有关部门的工作人员玩忽职守、滥用职权、徇私舞弊或者利用职务上的便利索取、收受他人财物，尚不构成犯罪的，依法给予处分。

第三十七条　违反本办法第七条、第十条规定的，由电信主管部门责令互联网网络接入服务提供者停止为其提供接入服务，没收违法所得，可以并处50万元以下罚款。

违反本办法第十三条第一款、第三款规定的，由电信主管部门处10万元以上100万元以下罚款，并可以责令暂停相关业务、停业整顿、吊销其电信业务经营许可证件或者取消备案编号，对直接负责的主管人员和其他直接责任人员，处1万元以上10万元以下罚款。

互联网信息服务提供者违反本办法第十二条规定，擅自从事相关互联网信息服务的，由网信部门或者其他有关部门依据各自职责责令停止相关互联网信息服务，没收违法所得，违法所得1万元以上的，并处违法所得5倍以上10倍以下罚款；违法所得不足1万元或者没有违法所得的，可以并处10万元以下罚款；情节严重的，由电信主管部门吊销其电信业务经营许可证件或者取消备案编号。

第三十八条　互联网信息服务提供者违反本办法第二章规定，以欺骗或者贿赂等不正当手段取得许可证件或者备案编号的，由原许可、备案机关撤销其相应许可或者取消备案编号，没收违法所得，可以并处100万元以下罚款。

第三十九条　互联网信息服务提供者违反本办法第十三条第二款、第十四条、第十六条、第十七条、第二十三条、第三十二条规定的，由网信部门、电信主管部门、公安机关或者其他有关部门依据各自职责给予警告，责令限期改正，没收违法所得；拒不改正或者情节严重的，处10万元以上50万元以下罚款，并可以责令暂停相关业务、停业整顿、关闭网站、由原许可机关吊销相关业务许可证或者吊销营业执照，对直接负责的主管人员和其他直接责任人员，处1万元以上10万元以下罚款。

第四十条　互联网网络接入服务提供者违反本办法第十六条第三款、第二十三条、第三十二条规定的，由网信部门、电信主管部门、公安机关依据各自职责给予警告，责令限期改正，没收违法所得；拒不改正或者情节严重的，处10万元以上50万元以下罚款，并可以责令暂停相关业务、停业整顿、由原发证机关吊销相关业务许可证或者吊销营业执照，对直接负责的主管人员和其他直接责任人员，处1万元以上10万元以下罚款。

第四十一条 违反本办法第十五条、第二十七条第四款规定尚不构成犯罪的，由公安机关没收违法所得，处5日以下拘留，可以并处5万元以上50万元以下罚款；情节较重的，处5日以上15日以下拘留，可以并处10万元以上100万元以下罚款。

单位违反本办法第十五条、第二十七条第四款规定的，由公安机关没收违法所得，处10万元以上100万元以下罚款，并对直接负责的主管人员和其他直接责任人员依照前款规定处罚。

第四十二条 互联网网络接入、互联网信息服务、域名注册和解析等互联网服务提供者，违反本办法第十八条、第十九条、第二十条、第二十一条规定的，由网信部门、电信主管部门、公安机关依据各自职责给予警告，责令限期改正，没收违法所得；拒不改正或者情节严重的，处10万元以上50万元以下罚款，并可以责令暂停相关业务、停业整顿、由原发证机关吊销相关业务许可证或者吊销营业执照，对直接负责的主管人员和其他直接责任人员，处1万元以上10万元以下罚款。

第四十三条 互联网网络接入、互联网信息服务、域名注册和解析等互联网服务提供者，违反本办法第二十二条第一款规定的，由公安机关、国家安全机关依据职责给予警告，责令限期改正；拒不改正或者情节严重的，处10万元以上50万元以下罚款，并可以责令暂停相关业务，停业整顿。

互联网网络接入、互联网信息服务、域名注册和解析等互联网服务提供者，违反本办法第二十二条第二款规定的，由网信部门、电信主管部门依据各自职责给予警告，责令限期改正；拒不改正或者情节严重的，处10万元以上50万元以下罚款，并可以责令暂停相关业务，停业整顿。

第四十四条 违反本办法第二十五条规定的，由网信部门、电信主管部门、公安机关依据各自职责给予警告，责令限期改正，没收违法所得；拒不改正或者情节严重的，处10万元以上100万元以下罚款，并可以责令暂停相关业务、停业整顿、关闭网站、由原发证机关吊销相关业务许可证或者吊销营业执照，对直接负责的主管人员和其他直接责任人员，处1万元以上10万元以下罚款。

第四十五条 互联网信息服务提供者、互联网网络接入服务提供者违反本办法第二十六条规定的，由网信部门、电信主管部门、公安机关依据各自职责责令改正，给予警告，没收违法所得；拒不改正或者情节严重的，处10万元以上100万元以下罚款，并可以责令暂停相关业务、停业整顿、关闭网站、由原发证机关吊销相关业务许可证或者吊销营业执照，对直接负责的主管人员和其他直接责任人员，处1万元以上10万元以下罚款。

互联网网络接入服务提供者、互联网信息服务提供者以外的其他单位或者个人违反本办法第二十六条规定的，由网信部门、电信主管部门、公安机关依据各自职责给予警告，责令限期改正，没收违法所得，对个人并处1万元以上50万元以下罚款，对单位并处10万元以上100万元以下罚款。

第四十六条 互联网信息服务提供者、互联网网络接入服务提供者违反本办法第二十七条第一款规定，对法律、法规禁止发布或者传输的信息未停止传输、采取消除等处置措施、保存有关记录的，由网信部门、电信主管部门、公安机关依据各自职责责令改正，给予警告，没收违法所得；拒不改正或者情节严重的，处10万元以上50万元以下罚款，并可以责令暂停相关业务、停业整顿、关闭网站、由原发证机关吊销相关业务许可证或者吊销营业执照，对直接负责的主管人员和其他直接责任人员，处1万元以上10万元以下罚款。

第四十七条 违反本办法规定，被电信主管部门吊销电信业务经营许可证件、撤销电信业务经营许可或者取消备案编号的，由电信主管部门通知相关互联网网络接入服务提供者和域名解析服务提供者停止为其提供服务，通知相关部门取消相关互联网信息服务许可。

第四十八条 网信部门、电信主管部门、公安机关和其他有关部门对违反本办法行为依法给予的行政处罚，应当记入信用档案并予以公布。

第四十九条 国家设立互联网信息服务黑名单制度，被主管部门吊销许可或取消备案的组织和个人，三年内不得重新申请相关许可或备案；被主管部门责令注销账号、关停网站的组织和个人，相关互联网服务提供者三年内不得为其重新提供同类服务。

第五十条 违反本办法规定，对他人造成损害的，依法承担民事责任；构成违反治安管理行为的，依法给予治安管理处罚；构成犯罪的，依法追究刑事责任。

第五十一条 互联网信息服务提供者、互联网网络接入服务提供者、用户以及其他单位和个人，对有关部门依据本办法作出的行政行为不服的，可以依法申请行政复议或者提起行政诉讼。

第六章 附则

第五十二条 本办法下列用语的含义：

（一）互联网信息服务，是指为用户提供互联网信息发布和应用平台，包括但不限于互联网新闻信息服务、搜索引擎、即时通讯、交互式信息服务、网络直播、网络支付、广告推广、网络存储、网络购物、网络预约、应用软件下载等互联网服务。

（二）互联网网络接入服务，是指为互联网信息服务提供者提供网络接入的服务，包括互联网数据中心业务、内容分发网络业务、互联网接入业务等，具体业务形态包括但不限于网络代理、主机托管、空间租用等。

第五十三条 利用互联网专门向电视机终端提供信息服务的，按照国家有关广播电视管理的法律、法规、规章进行管理。

第五十四条 本办法自　年　月　日起施行。

附录B　互联网直播服务管理规定

2016年11月4日，国家互联网信息办公室发布《互联网直播服务管理规定》，并于2016年12月1日起施行。

第一条　为加强对互联网直播服务的管理，保护公民、法人和其他组织的合法权益，维护国家安全和公共利益，根据《全国人民代表大会常务委员会关于加强网络信息保护的决定》《国务院关于授权国家互联网信息办公室负责互联网信息内容管理工作的通知》《互联网信息服务管理办法》和《互联网新闻信息服务管理规定》，制定本规定。

第二条　在中华人民共和国境内提供、使用互联网直播服务，应当遵守本规定。

本规定所称互联网直播，是指基于互联网，以视频、音频、图文等形式向公众持续发布实时信息的活动；本规定所称互联网直播服务提供者，是指提供互联网直播平台服务的主体；本规定所称互联网直播服务使用者，包括互联网直播发布者和用户。

第三条　提供互联网直播服务，应当遵守法律法规，坚持正确导向，大力弘扬社会主义核心价值观，培育积极健康、向上向善的网络文化，维护良好网络生态，维护国家利益和公共利益，为广大网民特别是青少年成长营造风清气正的网络空间。

第四条　国家互联网信息办公室负责全国互联网直播服务信息内容的监督管理执法工作。地方互联网信息办公室依据职责负责本行政区域内的互联网直播服务信息内容的监督管理执法工作。国务院相关管理部门依据职责对互联网直播服务实施相应监督管理。

各级互联网信息办公室应当建立日常监督检查和定期检查相结合的监督管理制度，指导督促互联网直播服务提供者依据法律法规和服务协议规范互联网直播服务行为。

第五条　互联网直播服务提供者提供互联网新闻信息服务的，应当依法取得互联网新闻信息服务资质，并在许可范围内开展互联网新闻信息服务。

开展互联网新闻信息服务的互联网直播发布者，应当依法取得互联网新闻信息服务资质并在许可范围内提供服务。

第六条　通过网络表演、网络视听节目等提供互联网直播服务的，还应当依法取得法律法规规定的相关资质。

第七条　互联网直播服务提供者应当落实主体责任，配备与服务规模相适应的专业人员，健全信息审核、信息安全管理、值班巡查、应急处置、技术保障等制度。提供互联网新闻信息直播服务的，应当设立总编辑。

互联网直播服务提供者应当建立直播内容审核平台，根据互联网直播的内容类别、用户规模等实施分级分类管理，对图文、视频、音频等直播内容加注或播报平台标识信息，对互联网新闻信息直播及其互动内容实施先审后发管理。

第八条 互联网直播服务提供者应当具备与其服务相适应的技术条件，应当具备即时阻断互联网直播的技术能力，技术方案应符合国家相关标准。

第九条 互联网直播服务提供者以及互联网直播服务使用者不得利用互联网直播服务从事危害国家安全、破坏社会稳定、扰乱社会秩序、侵犯他人合法权益、传播淫秽色情等法律法规禁止的活动，不得利用互联网直播服务制作、复制、发布、传播法律法规禁止的信息内容。

第十条 互联网直播发布者发布新闻信息，应当真实准确、客观公正。转载新闻信息应当完整准确，不得歪曲新闻信息内容，并在显著位置注明来源，保证新闻信息来源可追溯。

第十一条 互联网直播服务提供者应当加强对评论、弹幕等直播互动环节的实时管理，配备相应管理人员。

互联网直播发布者在进行直播时，应当提供符合法律法规要求的直播内容，自觉维护直播活动秩序。

用户在参与直播互动时，应当遵守法律法规，文明互动，理性表达。

第十二条 互联网直播服务提供者应当按照"后台实名、前台自愿"的原则，对互联网直播用户进行基于移动电话号码等方式的真实身份信息认证，对互联网直播发布者进行基于身份证件、营业执照、组织机构代码证等的认证登记。互联网直播服务提供者应当对互联网直播发布者的真实身份信息进行审核，向所在地省、自治区、直辖市互联网信息办公室分类备案，并在相关执法部门依法查询时予以提供。

互联网直播服务提供者应当保护互联网直播服务使用者身份信息和隐私，不得泄露、篡改、毁损，不得出售或者非法向他人提供。

第十三条 互联网直播服务提供者应当与互联网直播服务使用者签订服务协议，明确双方权利义务，要求其承诺遵守法律法规和平台公约。

互联网直播服务协议和平台公约的必备条款由互联网直播服务提供者所在地省、自治区、直辖市互联网信息办公室指导制定。

第十四条 互联网直播服务提供者应当对违反法律法规和服务协议的互联网直播服务使用者，视情采取警示、暂停发布、关闭账号等处置措施，及时消除违法违规直播信息内容，保存记录并向有关主管部门报告。

第十五条 互联网直播服务提供者应当建立互联网直播发布者信用等级管理体系，提供与信用等级挂钩的管理和服务。

互联网直播服务提供者应当建立黑名单管理制度，对纳入黑名单的互联网直播服务使用者禁止重新注册账号，并及时向所在地省、自治区、直辖市互联网信息办公室报告。

省、自治区、直辖市互联网信息办公室应当建立黑名单通报制度，并向国家互联网信息办公室报告。

第十六条 互联网直播服务提供者应当记录互联网直播服务使用者发布内容和日志信息，保存六十日。

互联网直播服务提供者应当配合有关部门依法进行的监督检查，并提供必要的文件、资料和数据。

第十七条 互联网直播服务提供者和互联网直播发布者未经许可或者超出许可范围提供互联网新闻信息服务的，由国家和省、自治区、直辖市互联网信息办公室依据《互联网新闻信息服务管理规定》予以处罚。

对于违反本规定的其他违法行为，由国家和地方互联网信息办公室依据职责，依法予以处罚；构成犯罪的，依法追究刑事责任。通过网络表演、网络视听节目等提供网络直播服务，违反有关法律法规的，由相关部门依法予以处罚。

第十八条 鼓励支持相关行业组织制定行业公约，加强行业自律，建立健全行业信用评价体系和服务评议制度，促进行业规范发展。

第十九条 互联网直播服务提供者应当自觉接受社会监督，健全社会投诉举报渠道，设置便捷的投诉举报入口，及时处理公众投诉举报。

第二十条 本规定自2016年12月1日起施行。

附录C　关于加强网络直播规范管理工作的指导意见

2021年2月9日，国家互联网信息办公室、全国"扫黄打非"工作小组办公室、工业和信息化部、公安部、文化和旅游部、国家市场监督管理总局、国家广播电视总局等七部门联合下发了《关于加强网络直播规范管理工作的指导意见》，全文如下。

近年来，网络直播以其内容和形式的直观性、即时性和互动性，在促进经济社会发展、丰富人民群众精神文化生活等方面发挥了重要作用。随着移动互联网新技术新应用的迭代升级，网络直播行业进入了快速发展期，其媒体属性、社交属性、商业属性、娱乐属性日益凸显，深刻影响网络生态。与此同时，网络直播行业存在的主体责任缺失、内容生态不良、主播良莠不齐、充值打赏失范、商业营销混乱、青少年权益遭受侵害等问题，严重制约网络直播行业健康发展，给意识形态安全、社会公共利益和公民合法权益带来挑战，必须高度重视、认真解决。为切实加强网络直播行业正面引导和规范管理，保护广大网民合法权益，倡导行业加强网络文明建设，培育向上向善的网络文化，践行社会主义核心价值观，促进网络直播行业健康有序发展，经中央领导同志同意，现提出如下指导意见。

一、明确总体要求

全面贯彻党的十九大和十九届二中、三中、四中、五中全会精神，以习近平新时代中国特色社会主义思想为指导，坚持正确政治方向、舆论导向、价值取向，坚持依法办网、依法治网，准确把握网络直播行业特点规律和发展趋势，有效解决突出问题、难点问题、痛点问题，科学规范行业运行规则，构建良好产业生态，为广大网民特别是青少年营造积极健康、内容丰富、正能量充沛的网络直播空间。

二、督促落实主体责任

1. 压实平台主体责任。网络直播平台提供互联网直播信息服务，应当严格遵守法律法规和国家有关规定；严格履行网络直播平台法定职责义务，落实网络直播平台主体责任清单，对照网络直播行业主要问题清单建立健全和严格落实总编辑负责、内容审核、用户注册、跟帖评论、应急响应、技术安全、主播管理、培训考核、举报受理等内部管理制度。

2. 明确主播法律责任。自然人和组织机构利用网络直播平台开展直播活动，应当严格按照《互联网用户账号名称管理规定》等有关要求，落实网络实名制注册账号并规范使用账号名称。网络主播依法依规开展网络直播活动，不得从事危害国家安全、破坏社会稳定、扰乱社会秩序、侵犯他人合法权益、传播淫秽色情信息等法律法规禁止的活动；不得超许可范围发布互联网新闻信息；不得接受未经其监护人同意的未成年人充值打赏；不得从事平台内或跨平台违法违规交易；不得组织、煽动用户实施网络暴力；不得组织赌博或变相赌博等线上线下违法活动。

3. 强化用户行为规范。网络直播用户参与直播互动时，应当严格遵守法律法规，文明互动、理性表达、合理消费；不得在直播间发布、传播违法违规信息；不得组织、煽动对网络主播或用户的攻击和谩骂；不得利用机器软件或组织"水军"发表负面评论和恶意"灌水"；不得营造斗富炫富、博取眼球等不良互动氛围。

三、确保导向正确和内容安全

4. 提升主流价值引领。网络直播平台应当坚持把社会效益放在首位、社会效益和经济效益相统一，强化导向意识，大力弘扬社会主义核心价值观，大力扶持优质主播，扩大优质内容生产供给；培养网络主播正确的世界观、价值观、人生观，有效提升直播平台"以文化人"的精神气质和文化力量。

5. 切实维护网民权益。网络直播平台应当严格遵守个人信息保护相关规定，规范收集和合法使用用户身份、地理位置、联系方式等个人信息行为；充分保障用户知情权、选择权和隐私权等合法权益；依法依规引导和规范用户合理消费、理性打赏；依法依规留存直播图像、互动留言、充值打赏等记录；加大对各类侵害网民权益行为的打击力度，切实维护网络直播行业秩序。

6. 加强未成年人保护。网络直播平台应当严禁为未满16周岁的未成年人提供网络主播账号注册服务，为已满16周岁未满18周岁未成年人提供网络主播账号注册服务应当征得监护人同意；应当向未成年人用户提供"青少年模式"，防范未成年人沉迷网络直播，屏蔽不利于未成年人健康成长的网络直播内容，不得向未成年人提供充值打赏服务；建立未成年人专属客服团队，优先受理、及时处置涉未成年人的相关投诉和纠纷，对未成年人冒用成年人账号打赏的，核查属实后须按规定办理退款。

7. 筑牢信息安全屏障。网络直播平台应当建立健全信息安全管理制度，严格落实信息内容安全管理责任制，具备与创新发展相适应的安全可控的技术保障和防范措施；对新技术新应用新功能上线具有舆论属性或社会动员能力的直播信息服务，应严格进行安全评估；利用基于深度学习、虚拟现实等技术制作、发布的非真实直播信息内容，应当以显著方式予以标识。

8. 严惩违法违规行为。坚决打击利用网络直播颠覆国家政权、散播历史虚无主义、煽动宗教极端主义、宣扬民族分裂思想、教唆暴力恐怖等违法犯罪活动；严厉查处淫秽色情、造谣诽谤、赌博诈骗、侵权盗版、侵犯公民个人信息等违法犯罪行为；全面清理低俗庸俗、封建迷信、打"擦边球"等违法和不良信息。

四、建立健全制度规范

9. 强化准入备案管理。开展经营性网络表演活动的直播平台须持有《网络文化经营许可证》并进行ICP备案；开展网络视听节目服务的直播平台须持有《信息网络传播视听节目许可证》(或在全国网络视听平台信息登记管理系统中完成登记)并进行ICP备案；开展互联网新闻信息服务的直播平台须持有《互联网新闻信息服务许可证》。网络直播平台应当及时向属地网信等主管部门履行企业备案手续，停止提供直播服务的平台应当及时注销备案。

10. 构建行业制度体系。网络直播平台应当建立健全和严格落实相关管理制度。建立直播账号分类分级规范管理制度，对主播账号实行基于主体属性、运营内容、粉丝数量、直播热度等因素的分类分级管理；针对不同类别级别的网络主播账号应当在单场受赏总额、直播热度、直播时长和单日直播场次、场次时间间隔等方面合理设限，对违法违规主播实施必要的警示措施。建立直播打赏服务管理规则，明确平台向用户提供的打赏服务为信息和娱乐的消费服务，应当对单个虚拟消费品、单次打赏额度合理设置上限，对单日打赏额度累计触发相应阈值的用户进行消费提醒，必要时设置打赏冷静期和延时到账期。建立直播带货管理制度，依据主播账号分级规范设定具有营销资格的账号级别，依法依规确定推广商品和服务类别。

五、增强综合治理能力

11. 建立完善工作机制。各部门应当切实履行职能职责，依法依规加强对网络直播行业相关业务的监督管理。网信部门要进一步强化网络直播行业管理的统筹协调和日常监管，建立健全部门协调联动长效机制，制定出台支持和促进网络直播行业健康发展、生态治理和规范管理的政策措施；"扫黄打非"部门要履行网上"扫黄打非"联席会议牵头单位职责，会同有关部门挂牌督办重特大案件；工业和信息化部门要严格落实网络接入实名制管理要求，强化ICP备案管理；公安部门要全面提升对网络直播犯罪行为实施全方位遏制打击力度；文化和旅游部门要加强网络表演行业管理和执法工作，指导相关行业组织加强网络表演行业自律；市场监管部门要加强网络直播营销领域的监督管理；广电部门要研究制定网络视听节目等管理规范及准入标准。

12. 积极倡导社会监督。鼓励社会各界广泛参与网络直播行业治理，切实加强网络直播平台和政府、媒体、公众间的信息交流和有效沟通，构建网络直播规范管理的良好舆论环境。网络直播平台应当自觉接受社会监督，有效拓宽举报渠道，简化举报环节，及时受理、处置并反馈公众投诉举报。

13. 发挥行业组织作用。网络社会组织要积极发挥桥梁纽带作用，大力倡导行业自律，积极开展公益活动，参与净化网络直播环境、维护良好网络生态。建立健全网络主播信用评价体系，为网络直播行业健康有序发展营造良好氛围。

附录D　网络直播营销管理办法(试行)

2021年4月23日,国家互联网信息办公室、公安部、商务部、文化和旅游部、国家税务总局、国家市场监督管理总局、国家广播电视总局等七部门联合发布《网络直播营销管理办法(试行)》,自2021年5月25日起施行。这是专门针对网络直播营销的法规,对直播行业有重要影响。

第一章　总则

第一条　为加强网络直播营销管理,维护国家安全和公共利益,保护公民、法人和其他组织的合法权益,促进网络直播营销健康有序发展,根据《中华人民共和国网络安全法》《中华人民共和国电子商务法》《中华人民共和国广告法》《中华人民共和国反不正当竞争法》《网络信息内容生态治理规定》等法律、行政法规和国家有关规定,制定本办法。

第二条　在中华人民共和国境内,通过互联网站、应用程序、小程序等,以视频直播、音频直播、图文直播或多种直播相结合等形式开展营销的商业活动,适用本办法。

本办法所称直播营销平台,是指在网络直播营销中提供直播服务的各类平台,包括互联网直播服务平台、互联网音视频服务平台、电子商务平台等。

本办法所称直播间运营者,是指在直播营销平台上注册账号或者通过自建网站等其他网络服务,开设直播间从事网络直播营销活动的个人、法人和其他组织。

本办法所称直播营销人员,是指在网络直播营销中直接向社会公众开展营销的个人。

本办法所称直播营销人员服务机构,是指为直播营销人员从事网络直播营销活动提供策划、运营、经纪、培训等的专门机构。

从事网络直播营销活动,属于《中华人民共和国电子商务法》规定的"电子商务平台经营者"或"平台内经营者"定义的市场主体,应当依法履行相应的责任和义务。

第三条　从事网络直播营销活动,应当遵守法律法规,遵循公序良俗,遵守商业道德,坚持正确导向,弘扬社会主义核心价值观,营造良好网络生态。

第四条　国家网信部门和国务院公安、商务、文化和旅游、税务、市场监督管理、广播电视等有关主管部门建立健全线索移交、信息共享、会商研判、教育培训等工作机制,依据各自职责做好网络直播营销相关监督管理工作。

县级以上地方人民政府有关主管部门依据各自职责做好本行政区域内网络直播营销相关监督管理工作。

第二章　直播营销平台

第五条　直播营销平台应当依法依规履行备案手续,并按照有关规定开展安全评估。

从事网络直播营销活动,依法需要取得相关行政许可的,应当依法取得行政许可。

第六条 直播营销平台应当建立健全账号及直播营销功能注册注销、信息安全管理、营销行为规范、未成年人保护、消费者权益保护、个人信息保护、网络和数据安全管理等机制、措施。

直播营销平台应当配备与服务规模相适应的直播内容管理专业人员，具备维护互联网直播内容安全的技术能力，技术方案应符合国家相关标准。

第七条 直播营销平台应当依据相关法律法规和国家有关规定，制定并公开网络直播营销管理规则、平台公约。

直播营销平台应当与直播营销人员服务机构、直播间运营者签订协议，要求其规范直播营销人员招募、培训、管理流程，履行对直播营销内容、商品和服务的真实性、合法性审核义务。

直播营销平台应当制定直播营销商品和服务负面目录，列明法律法规规定的禁止生产销售、禁止网络交易、禁止商业推销宣传以及不适宜以直播形式营销的商品和服务类别。

第八条 直播营销平台应当对直播间运营者、直播营销人员进行基于身份证件信息、统一社会信用代码等真实身份信息认证，并依法依规向税务机关报送身份信息和其他涉税信息。直播营销平台应当采取必要措施保障处理的个人信息安全。

直播营销平台应当建立直播营销人员真实身份动态核验机制，在直播前核验所有直播营销人员身份信息，对与真实身份信息不符或按照国家有关规定不得从事网络直播发布的，不得为其提供直播发布服务。

第九条 直播营销平台应当加强网络直播营销信息内容管理，开展信息发布审核和实时巡查，发现违法和不良信息，应当立即采取处置措施，保存有关记录，并向有关主管部门报告。

直播营销平台应当加强直播间内链接、二维码等跳转服务的信息安全管理，防范信息安全风险。

第十条 直播营销平台应当建立健全风险识别模型，对涉嫌违法违规的高风险营销行为采取弹窗提示、违规警示、限制流量、暂停直播等措施。直播营销平台应当以显著方式警示用户平台外私下交易等行为的风险。

第十一条 直播营销平台提供付费导流等服务，对网络直播营销进行宣传、推广，构成商业广告的，应当履行广告发布者或者广告经营者的责任和义务。

直播营销平台不得为直播间运营者、直播营销人员虚假或者引人误解的商业宣传提供帮助、便利条件。

第十二条 直播营销平台应当建立健全未成年人保护机制，注重保护未成年人身心健康。网络直播营销中包含可能影响未成年人身心健康内容的，直播营销平台应当在信息展示前以显著方式作出提示。

第十三条 直播营销平台应当加强新技术新应用新功能上线和使用管理，对利用人工智能、数字视觉、虚拟现实、语音合成等技术展示的虚拟形象从事网络直播营销的，应当按照有关规定进行安全评估，并以显著方式予以标识。

第十四条 直播营销平台应当根据直播间运营者账号合规情况、关注和访问量、交易量和金额及其他指标维度，建立分级管理制度，根据级别确定服务范围及功能，对重点直播间运营者采取安排专人实时巡查、延长直播内容保存时间等措施。

直播营销平台应当对违反法律法规和服务协议的直播间运营者账号，视情采取警示提醒、限制功能、暂停发布、注销账号、禁止重新注册等处置措施，保存记录并向有关主管部门报告。

直播营销平台应当建立黑名单制度，将严重违法违规的直播营销人员及因违法失德造成恶劣社会影响的人员列入黑名单，并向有关主管部门报告。

第十五条 直播营销平台应当建立健全投诉、举报机制，明确处理流程和反馈期限，及时处理公众对于违法违规信息内容、营销行为投诉举报。

消费者通过直播间内链接、二维码等方式跳转到其他平台购买商品或者接受服务，发生争议时，相关直播营销平台应当积极协助消费者维护合法权益，提供必要的证据等支持。

第十六条 直播营销平台应当提示直播间运营者依法办理市场主体登记或税务登记，如实申报收入，依法履行纳税义务，并依法享受税收优惠。直播营销平台及直播营销人员服务机构应当依法履行代扣代缴义务。

第三章　直播间运营者和直播营销人员

第十七条 直播营销人员或者直播间运营者为自然人的，应当年满十六周岁；十六周岁以上的未成年人申请成为直播营销人员或者直播间运营者的，应当经监护人同意。

第十八条 直播间运营者、直播营销人员从事网络直播营销活动，应当遵守法律法规和国家有关规定，遵循社会公序良俗，真实、准确、全面地发布商品或服务信息，不得有下列行为：

(一) 违反《网络信息内容生态治理规定》第六条、第七条规定的；

(二) 发布虚假或者引人误解的信息，欺骗、误导用户；

(三) 营销假冒伪劣、侵犯知识产权或不符合保障人身、财产安全要求的商品；

(四) 虚构或者篡改交易、关注度、浏览量、点赞量等数据流量造假；

(五) 知道或应当知道他人存在违法违规或高风险行为，仍为其推广、引流；

(六) 骚扰、诋毁、谩骂及恐吓他人，侵害他人合法权益；

(七) 传销、诈骗、赌博、贩卖违禁品及管制物品等；

(八) 其他违反国家法律法规和有关规定的行为。

第十九条 直播间运营者、直播营销人员发布的直播内容构成商业广告的，应当履行广告发布者、广告经营者或者广告代言人的责任和义务。

第二十条 直播营销人员不得在涉及国家安全、公共安全、影响他人及社会正常生产生活秩序的场所从事网络直播营销活动。

直播间运营者、直播营销人员应当加强直播间管理，在下列重点环节的设置应当符合法律法规和国家有关规定，不得含有违法和不良信息，不得以暗示等方式误导用户：

（一）直播间运营者账号名称、头像、简介；

（二）直播间标题、封面；

（三）直播间布景、道具、商品展示；

（四）直播营销人员着装、形象；

（五）其他易引起用户关注的重点环节。

第二十一条　直播间运营者、直播营销人员应当依据平台服务协议做好语音和视频连线、评论、弹幕等互动内容的实时管理，不得以删除、屏蔽相关不利评价等方式欺骗、误导用户。

第二十二条　直播间运营者应当对商品和服务供应商的身份、地址、联系方式、行政许可、信用情况等信息进行核验，并留存相关记录备查。

第二十三条　直播间运营者、直播营销人员应当依法依规履行消费者权益保护责任和义务，不得故意拖延或者无正当理由拒绝消费者提出的合法合理要求。

第二十四条　直播间运营者、直播营销人员与直播营销人员服务机构合作开展商业合作的，应当与直播营销人员服务机构签订书面协议，明确信息安全管理、商品质量审核、消费者权益保护等义务并督促履行。

第二十五条　直播间运营者、直播营销人员使用其他人肖像作为虚拟形象从事网络直播营销活动的，应当征得肖像权人同意，不得利用信息技术手段伪造等方式侵害他人的肖像权。对自然人声音的保护，参照适用前述规定。

第四章　监督管理和法律责任

第二十六条　有关部门根据需要对直播营销平台履行主体责任情况开展监督检查，对存在问题的平台开展专项检查。

直播营销平台对有关部门依法实施的监督检查，应当予以配合，不得拒绝、阻挠。直播营销平台应当为有关部门依法调查、侦查活动提供技术支持和协助。

第二十七条　有关部门加强对行业协会商会的指导，鼓励建立完善行业标准，开展法律法规宣传，推动行业自律。

第二十八条　违反本办法，给他人造成损害的，依法承担民事责任；构成犯罪的，依法追究刑事责任；尚不构成犯罪的，由网信等有关主管部门依据各自职责依照有关法律法规予以处理。

第二十九条　有关部门对严重违反法律法规的直播营销市场主体名单实施信息共享，依法开展联合惩戒。

第五章　附则

第三十条　本办法自2021年5月25日起施行。

附录E　网络直播营销行为规范

2020年6月26日，中国广告协会发布《网络直播营销行为规范》，这也是网络直播行业的第一份行业自律文件。该规范自2020年7月1日起施行。

第一章　总则

第一条　为营造良好的市场消费环境，引导网络直播营销活动更加规范，促进网络直播营销业态的健康发展，根据《中华人民共和国电子商务法》《中华人民共和国消费者权益保护法》《中华人民共和国广告法》《中华人民共和国产品质量法》《中华人民共和国反不正当竞争法》等法律、法规、规章和有关规定，制定本行为规范。

第二条　本规范适用于商家、主播等参与者在电商平台、内容平台、社交平台等网络平台上以直播形式向用户销售商品或提供服务的网络直播营销活动。

第三条　网络直播营销活动应当认真遵守国家法律、法规，坚持正确导向、诚实信用、信息真实、公平竞争原则，活动内容符合社会主义精神文明建设和弘扬中华民族优秀传统文化的要求。

鼓励网络直播营销平台经营者积极参与行业自律，共同推进网络直播营销活动社会共治。

第四条　网络直播营销活动中所发布的信息不得包含以下内容：

(一) 反对宪法所确定的基本原则及违反国家法律、法规禁止性规定的；

(二) 损害国家主权、统一和领土完整的；

(三) 危害国家安全、泄露国家秘密以及损害国家荣誉和利益的；

(四) 含有民族、种族、宗教、性别歧视的；

(五) 散布谣言等扰乱社会秩序，破坏社会稳定的；

(六) 淫秽、色情、赌博、迷信、恐怖、暴力或者教唆犯罪的；

(七) 侮辱、诽谤、恐吓、涉及他人隐私等侵害他人合法权益的；

(八) 危害未成年人身心健康的；

(九) 其他危害社会公德或者民族优秀文化传统的。

第五条　网络直播营销活动应当全面、真实、准确地披露商品或者服务信息，依法保障消费者的知情权和选择权；严格履行产品责任，严把直播产品和服务质量关；依法依约积极兑现售后承诺，建立健全消费者保护机制，保护消费者的合法权益。

第六条　网络直播营销主体不得利用刷单、炒信等流量造假方式虚构或篡改交易数据和用户评价；不得进行虚假或者引人误解的商业宣传，欺骗、误导消费者。

在网络直播营销中发布商业广告的，应当严格遵守《中华人民共和国广告法》的各项规定。

第七条　网络直播营销主体应当依法履行网络安全与个人信息保护等方面的义务，

收集、使用用户个人信息时应当遵守法律、行政法规等相关规定。

第八条 网络直播营销主体应当遵守法律和商业道德，公平参与市场竞争。不得违反法律规定，从事扰乱市场竞争秩序，损害其他经营者或者消费者合法权益的行为。

第九条 网络直播营销主体应当建立健全知识产权保护机制，尊重和保护他人知识产权或涉及第三方的商业秘密及其他专有权利。

第十条 网络直播营销主体之间应当依法或按照平台规则订立合同，明确各自的权利义务。

第十一条 网络直播营销主体应当完善对未成年人的保护机制，注重对未成年人身心健康的保护。

第二章 商家

第十二条 商家是在网络直播营销中销售商品或者提供服务的商业主体。商家应具有与所提供商品或者服务相应的资质、许可，并亮证亮照经营。

第十三条 商家入驻网络直播营销平台时，应提供真实有效的主体身份、联系方式、相关行政许可等信息，信息若有变动，应及时更新并告知平台进行审核。

第十四条 商家销售的商品或者提供的服务应当合法，符合网络直播营销平台规则规定，不得销售、提供违法违禁商品、服务，不得侵害平台及任何第三方的合法权益。

第十五条 商家推销的商品或提供的服务应符合相关法律法规对商品质量和使用安全的要求，符合使用性能、宣称采用标准、允诺等，不存在危及人身或财产安全的不合理风险。

商家销售药品、医疗器械、保健食品、特殊医学用途配方食品等特殊商品时，应当依法取得相应的资质或行政许可。

第十六条 商家应当按照网络直播营销平台规则要求提供真实、合法、有效的商标注册证明、品牌特许经营证明、品牌销售授权证明等文件。

第十七条 商家发布的产品、服务信息，应当真实、科学、准确，不得进行虚假宣传，欺骗、误导消费者。涉及产品、服务标准的，应当与相关国家标准、行业团体标准相一致，保障消费者的知情权。

商家营销商品和服务的信息属于商业广告的，应当符合《中华人民共和国广告法》的各项规定。

第十八条 商家应当依法保障消费者合法权益，积极履行自身作出的承诺，依法提供退换货保障等售后服务。

商家与主播之间约定的责任分担内容和方式等，应当遵守法律、法规规定，遵循平台规则。

第三章 主播

第十九条 主播是指在网络直播营销活动中与用户直接互动交流的人员。

第二十条 主播应当了解与网络直播营销相关的基本知识,掌握一定的专业技能,树立法律意识。

主播入驻网络直播营销平台,应提供真实有效的个人身份、联系方式等信息,信息若有变动,应及时更新并告知。

主播不得违反法律、法规和国家有关规定,将其注册账号转让或出借给他人使用。

第二十一条 主播入驻网络直播营销平台应当进行实名认证,前端呈现可以采用符合法律法规要求的昵称或者其他名称。

主播设定直播账户名称、使用的主播头像与直播间封面图应符合法律和国家有关规定,不得含有违法及不良有害信息。

第二十二条 主播的直播间及直播场所应当符合法律、法规和网络直播营销平台规则的要求,不得在下列场所进行直播:

(一) 涉及国家及公共安全的场所;

(二) 影响社会正常生产、生活秩序的场所;

(三) 影响他人正常生活的场所。

直播间的设置、展示属于商业广告的,应当符合《中华人民共和国广告法》规定。

第二十三条 主播在直播营销中应坚持社会主义核心价值观,遵守社会公德,不得含有以下言行:

(一) 带动用户低俗氛围,引导场内低俗互动;

(二) 带有性暗示、性挑逗、低俗趣味的;

(三) 攻击、诋毁、侮辱、谩骂、骚扰他人的;

(四) 在直播活动中吸烟或者变相宣传烟草制品(含电子烟)的;

(五) 内容荒诞惊悚,以及易导致他人模仿的危险动作;

(六) 其他违反社会主义核心价值观和社会公德的行为。

第二十四条 主播发布的商品、服务内容与商品、服务链接应当保持一致,且实时有效。法律、法规规定需要明示的直接关系消费者生命安全的重要消费信息,应当对用户进行必要、清晰的消费提示。

第二十五条 主播在直播活动中,应当保证信息真实、合法,不得对商品和服务进行虚假宣传,欺骗、误导消费者。

第二十六条 主播在直播活动中做出的承诺,应当遵守法律法规,遵循平台规则,符合其与商家的约定,保障消费者合法权益。

主播应当遵守法律、法规,遵循平台规则,配合网络直播营销平台做好参与互动用户的言论规范管理。

第二十七条 主播在网络直播营销活动中不得损害商家、网络直播营销平台合法利益,不得以任何形式导流用户私下交易,或者从事其他谋取非法利益的行为。

第二十八条 主播向商家、网络直播营销平台等提供的营销数据应当真实,不得采取任何形式进行流量等数据造假，不得采取虚假购买和事后退货等方式骗取商家的佣金。

第二十九条　主播以机构名义进行直播活动的，主播机构应当对与自己签约的个人主播的网络直播营销行为负责。

第四章　网络直播营销平台

第三十条　网络直播营销平台是指在网络直播营销活动中提供直播技术服务的各类社会营销平台，包括电商平台、内容平台、社交平台等。

第三十一条　网络直播营销平台经营者应当依法经营，履行消费者权益保护、知识产权保护、网络安全与个人信息保护等方面的义务。

鼓励、支持网络直播营销平台经营者积极参与行业标准化、行业培训、行业发展质量评估等行业自律公共服务建设。

第三十二条　网络直播营销平台经营者应当要求入驻本平台的市场主体提交其真实身份或资质证明等信息，登记并建立档案。对商家、主播告知的变更信息，应当及时予以审核、变更。

第三十三条　网络直播营销平台经营者应当在以下方面建立、健全和执行平台规则：

(一) 建立入驻主体服务协议与规则，明确网络直播营销行为规范、消费者权益保护、知识产权保护等方面的权利和义务；

(二) 制定在本平台内禁止推销的商品或服务目录及相应规则；

(三) 建立商家、主播信用评价奖惩等信用管理体系，强化商家、主播的合规守信意识；

(四) 完善商品和服务交易信息保存制度，依法保存网络直播营销交易相关内容；

(五) 完善平台间的争议处理衔接机制，依法为消费者做好信息支持，积极协助消费者维护合法权益；

(六) 建立健全知识产权保护规则，完善知识产权投诉处理机制；

(七) 建立便捷的投诉、举报机制，公开投诉、举报方式等信息，及时处理投诉、举报；

(八) 有利于网络直播营销活动健康发展的其他规则。

第三十四条　网络直播营销平台经营者应当在以下方面加强服务规范，努力提高服务水平，促进行业健康发展：

(一) 遵守法律法规，坚持正确导向；

(二) 建立和执行各类平台规则；

(三) 加强本平台直播营销内容生态审核和内容安全治理；

(四) 规范主播准入和营销行为，加强对主播的教育培训及管理；

(五) 明确本平台禁止的营销行为，及对违法、不良等营销信息的处置机制；

(六) 依法配合有关部门的监督检查，提供必要的资料和数据。

第三十五条 电商平台类的网络直播营销平台经营者，应当加强对入驻本平台内的商家主体资质规范，督促商家依法公示营业执照、与其经营业务有关的行政许可等信息。

第三十六条 内容平台类的网络直播营销平台经营者应当加强对入驻本平台的商家、主播交易行为规范，防止主播采取链接跳转等方式，诱导用户进行线下交易。

第三十七条 社交平台类的网络直播营销平台经营者应当规范内部交易秩序，禁止主播诱导用户绕过合法交易程序在社交群组进行线下交易。

社交平台类的网络直播营销平台经营者，应当采取措施防范主播利用社交群组进行淫秽色情表演、传销、赌博、毒品交易等违法犯罪以及违反网络内容生态治理规定的行为。

第五章 其他参与者

第三十八条 网络直播营销主播服务机构，是指培育主播并为其开展网络直播营销活动提供服务的专门机构(如MCN机构等)。

网络直播营销主播服务机构应当依法取得相应经营主体资质，按照平台规则与网络直播营销活动主体签订协议，明确各方权利义务。

第三十九条 主播服务机构与网络直播营销平台开展合作，应确保本机构以及本机构签约主播向合作平台提交的主体资质材料、登陆账号信息等真实、有效。

主播服务机构应当建立健全内部管理规范，签约具备相应资质和能力的主播，并加强对签约主播的管理；开展对签约主播基本素质、现场应急能力的培训，提升签约主播的业务能力和规则意识；督导签约主播加强对法律、法规、规章和有关规定及标准规范等的学习。

主播服务机构应当与网络直播营销平台积极合作，落实合作协议与平台规则，对签约主播的内容发布进行事前规范、事中审核、违规行为事后及时处置，共同营造风清气正的网络直播营销活动内容生态。

第四十条 主播服务机构应当规范经营，不得出现下列行为：

(一) 获取不正当利益，如向签约主播进行不正当收费等；

(二) 未恰当履行与签约主播签署的合作协议，或因显失公平、附加不当条件等与签约主播产生纠纷，未妥善解决，造成恶劣影响；

(三) 违背承诺，不守信经营，如擅自退出已承诺参与的平台活动等；

(四) 扰乱网络直播营销活动秩序，如数据造假或作弊等；

(五) 侵犯他人权益，如不当使用他人权利、泄露他人信息、骗取他人财物、骚扰他人等；

(六) 故意或者疏于管理，导致实际参与网络直播营销活动的主播与该机构提交的主播账户身份信息不符。

第四十一条 用户是指使用互联网直播信息内容服务购买商品或者服务的组织或者个人,即网络直播服务的最终用户。

用户在参与网络直播互动时,应遵守国家法律法规和平台管理规范,文明互动、理性表达,不得利用直播平台发表不当言论,侵犯他人合法权益。

第六章　鼓励与监督

第四十二条 鼓励网络直播营销活动主体响应国家脱贫攻坚、乡村振兴等号召,积极开展公益直播。

公益直播应当依法保证商品和服务质量,保障消费者的合法权益。

公益直播应当遵纪守法,不得损害国家机关及其工作人员的名誉和形象。

第四十三条 中国广告协会将加强对本规范实施情况的监测和评估,向社会公示规范实施情况,鼓励自律自治。对违反本规范的,视情况进行提示劝诫、督促整改、公开批评,对涉嫌违法的,提请政府监管机关依法查处等,切实服务行业自律、服务行业维权、服务行业发展。

第四十四条 本规范自2020年7月1日起施行。

附录F　网络主播行为规范

2022年6月22日，国家广播电视总局、文化和旅游部联合发布《网络主播行为规范》，全文如下。

网络主播在传播科学文化知识、丰富精神文化生活、促进经济社会发展等方面，肩负重要职责、发挥重要作用。为进一步加强网络主播职业道德建设，规范从业行为，强化社会责任，树立良好形象，共同营造积极向上、健康有序、和谐清朗的网络空间，制定本行为规范。

第一条　通过互联网提供网络表演、视听节目服务的主播人员，包括在网络平台直播、与用户进行实时交流互动、以上传音视频节目形式发声出镜的人员，应当遵照本行为规范。利用人工智能技术合成的虚拟主播及内容，参照本行为规范。

第二条　网络主播应当自觉遵守中华人民共和国宪法和法律法规规范，维护国家利益、公共利益和他人合法权益，自觉履行社会责任，自觉接受行业主管部门监管和社会监督。

第三条　网络主播应当遵守网络实名制注册账号的有关规定，配合平台提供真实有效的身份信息进行实名注册并规范使用账号名称。

第四条　网络主播应当坚持正确政治方向、舆论导向和价值取向，树立正确的世界观、人生观、价值观，积极践行社会主义核心价值观，崇尚社会公德、恪守职业道德、修养个人品德。

第五条　网络主播应当坚持以人民为中心的创作导向，传播的网络表演、视听节目内容应当反映时代新气象、讴歌人民新创造，弘扬中华优秀传统文化，传播正能量，展现真善美，满足人民群众美好生活新需要。

第六条　网络主播应当坚持健康的格调品位，自觉摒弃低俗、庸俗、媚俗等低级趣味，自觉反对流量至上、畸形审美、"饭圈"乱象、拜金主义等不良现象，自觉抵制违反法律法规、有损网络文明、有悖网络道德、有害网络和谐的行为。

第七条　网络主播应当引导用户文明互动、理性表达、合理消费，共建文明健康的网络表演、网络视听生态环境。

第八条　网络主播应当保持良好声屏形象，表演、服饰、妆容、语言、行为、肢体动作及画面展示等要文明得体，符合大众审美情趣和欣赏习惯。

第九条　网络主播应当尊重公民和法人的名誉权、荣誉权，尊重个人隐私权、肖像权，尊重和保护未成年人、老年人、残疾人的合法权益。

第十条　网络主播应当遵守知识产权相关法律法规，自觉尊重他人知识产权。

第十一条　网络主播应当如实申报收入，依法履行纳税义务。

第十二条 网络主播应当按照规范写法和标准含义使用国家通用语言文字，增强语言文化素养，自觉遏阻庸俗暴戾网络语言传播，共建健康文明的网络语言环境。

第十三条 网络主播应当自觉加强学习，掌握从事主播工作所必需的知识和技能。

对于需要较高专业水平(如医疗卫生、财经金融、法律、教育)的直播内容，主播应取得相应执业资质，并向直播平台进行执业资质报备，直播平台应对主播进行资质审核及备案。

第十四条 网络主播在提供网络表演及视听节目服务过程中不得出现下列行为：

1. 发布违反宪法所确定的基本原则及违反国家法律法规的内容；
2. 发布颠覆国家政权，危害国家统一、主权和领土完整，危害国家安全，泄露国家秘密，损害国家尊严、荣誉和利益的内容；
3. 发布削弱、歪曲、否定中国共产党的领导、社会主义制度和改革开放的内容；
4. 发布诋毁民族优秀文化传统，煽动民族仇恨、民族歧视，歪曲民族历史或者民族历史人物，伤害民族感情、破坏民族团结，或者侵害民族风俗、习惯的内容；
5. 违反国家宗教政策，在非宗教场所开展宗教活动，宣扬宗教极端主义、邪教等内容；
6. 恶搞、诋毁、歪曲或者以不当方式展现中华优秀传统文化、革命文化、社会主义先进文化；
7. 恶搞、歪曲、丑化、亵渎、否定英雄烈士和模范人物的事迹和精神；
8. 用换脸等深度伪造技术对党和国家领导人、英雄烈士、党史、历史等进行伪造、篡改；
9. 损害人民军队、警察、法官等特定职业、群体的公众形象；
10. 宣扬基于种族、国籍、地域、性别、职业、身心缺陷等理由的歧视；
11. 宣扬淫秽、赌博、吸毒，渲染暴力、血腥、恐怖，传销、诈骗，教唆犯罪或者传授犯罪方法，暴露侦查手段，展示枪支、管制刀具；
12. 编造、故意传播虚假恐怖信息、虚假险情、疫情、灾情、警情，扰乱社会治安和公共秩序，破坏社会稳定；
13. 展现过度的惊悚恐怖、生理痛苦、精神歇斯底里，造成强烈感官、精神刺激并可致人身心不适的画面、台词、音乐及音效等；
14. 侮辱、诽谤他人或者散布他人隐私，侵害他人合法权益；
15. 未经授权使用他人拥有著作权的作品；
16. 对社会热点和敏感问题进行炒作或者蓄意制造舆论"热点"；
17. 炒作绯闻、丑闻、劣迹，传播格调低下的内容，宣扬违背社会主义核心价值观、违反公序良俗的内容；
18. 服饰妆容、语言行为、直播间布景等展现带有性暗示、性挑逗的内容；
19. 介绍或者展示自杀、自残、暴力血腥、高危动作和其他易引发未成年人模仿的危险行为，表现吸烟、酗酒等诱导未成年人不良嗜好的内容；

20. 利用未成年人或未成年人角色进行非广告类的商业宣传、表演或作为噱头获取商业或不正当利益，指引错误价值观、人生观和道德观的内容；

21. 宣扬封建迷信文化习俗和思想、违反科学常识等内容；

22. 破坏生态环境，展示虐待动物，捕杀、食用国家保护类动物等内容；

23. 铺张浪费粮食，展示假吃、催吐、暴饮暴食等，或其他易造成不良饮食消费、食物浪费示范的内容；

24. 引导用户低俗互动，组织煽动粉丝互撕谩骂、拉踩引战、造谣攻击，实施网络暴力；

25. 营销假冒伪劣、侵犯知识产权或不符合保障人身、财产安全要求的商品，虚构或者篡改交易、关注度、浏览量、点赞量等数据流量造假；

26. 夸张宣传误导消费者，通过虚假承诺诱骗消费者，使用绝对化用语，未经许可直播销售专营、专卖物品等违反广告相关法律法规的；

27. 通过"弹幕"、直播间名称、公告、语音等传播虚假、骚扰广告；

28. 通过有组织炒作、雇佣水军刷礼物、宣传"刷礼物抽奖"等手段，暗示、诱惑、鼓励用户大额"打赏"，引诱未成年用户"打赏"或以虚假身份信息"打赏"；

29. 在涉及国家安全、公共安全，影响社会正常生产、生活秩序，影响他人正常生活、侵犯他人隐私等场所和其他法律法规禁止的场所拍摄或播出；

30. 展示或炒作大量奢侈品、珠宝、纸币等资产，展示无节制奢靡生活，贬低低收入群体的炫富行为；

31. 法律法规禁止的以及其他对网络表演、网络视听生态造成不良影响的行为。

第十五条 各级文化和旅游行政部门、广播电视行政部门要坚持以习近平新时代中国特色社会主义思想为指导，加强对网络表演、网络视听平台和经纪机构以及网络主播的监督管理，切实压紧压实主管主办责任和主体责任。发现网络主播违规行为，及时责成相关网络表演、网络视听平台予以处理。网络表演、网络视听平台和经纪机构规范网络主播情况及网络主播规范从业情况，纳入文化和旅游行政部门、广播电视行政部门许可管理、日常管理、安全检查、节目上线管理考察范围。

第十六条 各级文化和旅游行政部门、广播电视行政部门、文化市场综合执法机构要进一步加强对网络表演、网络视听平台和经纪机构的执法巡查，依法查处提供违法违规内容的网络表演和网络视听平台，并督促平台和经纪机构及时处置违法违规内容及相关网络主播。

第十七条 网络表演、网络视听平台和经纪机构要严格履行法定职责义务，落实主体责任。根据本行为规范，加强对网络主播的教育培训、日常管理和规范引导。建立健全网络主播入驻、培训、日常管理、业务评分档案和"红黄牌"管理等内部制度规范。对向上向善、模范遵守行为规范的网络主播进行正向激励；对出现违规行为的网络主播，要强化警示和约束；对问题性质严重、多次出现问题且屡教不改的网络主播，应当封禁账号，将相关网络主播纳入"黑名单"或"警示名单"，不允许以更换账号或更换平台等形式再度开播。对构成犯罪的网络主播，依法追究刑事责任。对违法失德艺人不得提供公开进行文艺表演、发声出镜机会，防止转移阵地复出。网络表演、网络视听经纪机构要加强对网络主播的管理和约束，依法合规提供经纪服务，维护网络主播合法权益。

第十八条 各有关行业协会要加强引导，根据本行为规范，建立健全网络主播信用评价体系，进一步完善行业规范和自律公约，探索建立平台与主播约束关系机制，积极开展道德评议，强化培训引导服务，维护良好网络生态，促进行业规范发展。对违法违规、失德失范、造成恶劣社会影响的网络主播要定期公布，引导各平台联合抵制、严肃惩戒。

后记

在金秋时节，当我完成《网络直播艺术》书稿的写作时，并没有感到如释重负，相反心中有些惴惴不安，这部对我来说耗时颇多的著作，可能甫一出版就会失去时效性，因为网络直播的发展实在是太过迅猛。陆机在《文赋》中提及"意不称物，文不逮意"，而我也始终在思考能否通过有限的文字把网络直播的相关内容说清楚。无论如何，我还是希望本书能够给快速发展并"高位运行"的网络直播行业带来一些启示。

网络直播行业在未来要得到健康良性的发展，首先要寻找必要的理论依据，其次要注入鲜活的人文内涵，同时还要指出其存在的本质问题以及潜藏的危机。这也是我写作本书的目的。网络直播的艺术性，是其长远发展的前提，也是本书的立论依据。我坚信，立足于技术基础上的网络直播，本质上应当是一门艺术。

对大众工作和生活产生深度影响的网络直播行业，已经在"网络江湖"纵横八年有余，相对于日新月异的网络技术和媒体样式来说，可谓"稳定久远"，但是对于学术界来说，网络直播依然是个新生事物，厚重的研究成果相对有限，这自然使得本书可参考的文献资料比较有限，增加了写作难度。同时，网络直播在发展中暴露的一些问题，导致社会上对其评议呈现两极化，我在写作中颇为犹豫，思考着究竟以什么样的立场和尺度来对网络直播进行评说更为合适。不过，在多场高质量网络直播的持续浸泡中，我还是获得了诸多心得体会。这本著作就是我心得体会的产物，在为网络直播鼓掌喝彩的同时，为其做一些理论反思是值得的。这也是本书区别于市面上一些关于网络直播实操指南类读物的根本之处。当然，我们更希望通过写作本书，助力网络直播在未来获得更好发展。

感谢王敏、豆金苹、霍佳宁、雷小东等几位小伙伴对本书写作的热烈响应和实际支持。书稿第七章"网络直播案例解析"就是在他们撰写初稿的基础上改定的，他们对网络直播的一些看法对我产生了不小的启发。感谢魏静茹对整本书稿进行通读校正，改正了一些输入错误和表达错误。当然，本人应为整本书稿质量担负全部责任。由于个人水平有限，再加上网络直播行业本身的复杂性，书稿中有些说法并不成熟，甚至可能存在错谬之处，祈望方家多多指正。我们并不完美，这样才可以更好地追求完美，这是我们前行的原动力。网络直播行业需要理论关注，更需要智力支持，希望本书抛砖引玉，吸引更多的学者进一步探讨与之相关的问题。当然，我们更希望，网络直播行业健康良性发展，能够保证我们在今后若干年依然可以深度讨论与之相关的话题。

书稿的写作自始至终得到陈龙教授、王国燕教授的热情指导和督促，使得我时不时想放弃的想法最终"无法出笼"。清华大学出版社的李万红老师、施猛老师在书稿的框架设计上提出合理的建议,并以宽容的态度保证我能够从容写作。这些当铭记于心。苏州大学传媒学院和清华大学出版社为本书的出版搭建了快捷平台,责任编辑老师耐心细致的工作为本书增色不少。特此致谢。

曾庆江

2023年10月8日　苏州双照楼